FRANCÊS
VOCABULÁRIO

PALAVRAS MAIS ÚTEIS

PORTUGUÊS FRANCÊS

Para alargar o seu léxico e apurar as suas competências linguísticas

5000 palavras

Vocabulário Português-Francês - 5000 palavras
Por Andrey Taranov

Os vocabulários da T&P Books destinam-se a ajudar a aprender, a memorizar, e a rever palavras estrangeiras. O dicionário é dividido em temas, cobrindo todas as principais esferas de atividades quotidianas, negócios, ciência, cultura, etc.

O processo de aprendizagem, utilizando os dicionários baseados em temáticas da T&P Books dá-lhe as seguintes vantagens:

- Informação de origem corretamente agrupada predetermina o sucesso em fases subsequentes da memorização de palavras
- Disponibilização de palavras derivadas da mesma raiz, o que permite a memorização de unidades de texto (em vez de palavras separadas)
- Pequenas unidades de palavras facilitam o processo de estabelecimento de vínculos associativos necessários para a consolidação do vocabulário
- O nível de conhecimento da língua pode ser estimado pelo número de palavras aprendidas

Copyright © 2019 T&P Books Publishing

Todos os direitos reservados. Nenhuma parte desta publicação pode ser reproduzida, total ou parcialmente, por quaisquer métodos ou processos, sejam eles eletrónicos, mecânicos, de fotocópia ou outros, sem a autorização escrita do editor. Esta publicação não pode ser divulgada, copiada ou distribuída em nenhum formato.

T&P Books Publishing
www.tpbooks.com

ISBN: 978-1-78400-936-6

Este livro também está disponível em formato E-book.
Por favor visite www.tpbooks.com ou as principais livrarias on-line.

VOCABULÁRIO FRANCÊS
palavras mais úteis

Os vocabulários da T&P Books destinam-se a ajudar a aprender, a memorizar, e a rever palavras estrangeiras. O vocabulário contém mais de 5000 palavras de uso comum organizadas tematicamente.

O vocabulário contém as palavras mais comummente usadas
Recomendado como adicional para qualquer curso de línguas
Satisfaz as necessidades dos niciados e dos alunos avançados de línguas estrangeiras
Conveniente para o uso diário sessões de revisão e atividades de auto-teste
Permite avaliar o seu vocabulário

Características especiais do vocabulário

- As palavras estão organizadas de acordo com o seu significado, e não por ordem alfabética
- As palavras são apresentadas em três colunas para facilitar os processos de revisão e auto-teste
- As palavras compostas são divididas em pequenos blocos para facilitar o processo de aprendizagem
- O vocabulário oferece uma transcrição simples e adequada de cada palavra estrangeira

O vocabulário contém 155 tópicos incluindo:

Conceitos básicos, Números, Cores, Meses, Estações do ano, Unidades de medida, Roupas & Acessórios, Alimentos & Nutrição, Restaurante, Membros da Família, Parentes, Caráter, Sentimentos, Emoções, Doenças, Cidade, Passeios, Compras, Dinheiro, Casa, Lar, Escritório, Trabalho no Escritório, Importação & Exportação, Marketing, Pesquisa de Emprego, Desportos, Educação, Computador, Internet, Ferramentas, Natureza, Países, Nacionalidades e muito mais ...

TABELA DE CONTEÚDOS

Guia de pronunciação	9
Abreviaturas	11

CONCEITOS BÁSICOS — 13
Conceitos básicos. Parte 1 — 13

1. Pronomes — 13
2. Cumprimentos. Saudações. Despedidas — 13
3. Como se dirigir a alguém — 14
4. Números cardinais. Parte 1 — 14
5. Números cardinais. Parte 2 — 15
6. Números ordinais — 16
7. Números. Frações — 16
8. Números. Operações básicas — 16
9. Números. Diversos — 16
10. Os verbos mais importantes. Parte 1 — 17
11. Os verbos mais importantes. Parte 2 — 18
12. Os verbos mais importantes. Parte 3 — 19
13. Os verbos mais importantes. Parte 4 — 20
14. Cores — 20
15. Questões — 21
16. Preposições — 22
17. Palavras funcionais. Advérbios. Parte 1 — 22
18. Palavras funcionais. Advérbios. Parte 2 — 24

Conceitos básicos. Parte 2 — 26

19. Dias da semana — 26
20. Horas. Dia e noite — 26
21. Meses. Estações — 27
22. Unidades de medida — 29
23. Recipientes — 30

O SER HUMANO — 31
O ser humano. O corpo — 31

24. Cabeça — 31
25. Corpo humano — 32

Vestuário & Acessórios — 33

26. Roupa exterior. Casacos — 33
27. Vestuário de homem & mulher — 33

28. Vestuário. Roupa interior	34
29. Adereços de cabeça	34
30. Calçado	34
31. Acessórios pessoais	35
32. Vestuário. Diversos	35
33. Cuidados pessoais. Cosméticos	36
34. Relógios de pulso. Relógios	37

Alimentação. Nutrição 38

35. Comida	38
36. Bebidas	39
37. Vegetais	40
38. Frutos. Nozes	41
39. Pão. Bolaria	42
40. Pratos cozinhados	42
41. Especiarias	43
42. Refeições	44
43. Por a mesa	45
44. Restaurante	45

Família, parentes e amigos 46

45. Informação pessoal. Formulários	46
46. Membros da família. Parentes	46

Medicina 48

47. Doenças	48
48. Sintomas. Tratamentos. Farte 1	49
49. Sintomas. Tratamentos. Farte 2	50
50. Sintomas. Tratamentos. Farte 3	51
51. Médicos	52
52. Medicina. Drogas. Acessórios	52

HABITAT HUMANO 54
Cidade 54

53. Cidade. Vida na cidade	54
54. Instituições urbanas	55
55. Sinais	56
56. Transportes urbanos	57
57. Turismo	58
58. Compras	59
59. Dinheiro	60
60. Correios. Serviço postal	61

Moradia. Casa. Lar 62

61. Casa. Eletricidade	62

62. Moradia. Mansão	62
63. Apartamento	62
64. Mobiliário. Interior	63
65. Quarto de dormir	64
66. Cozinha	64
67. Casa de banho	65
68. Eletrodomésticos	66

ATIVIDADES HUMANAS

Emprego. Negócios. Parte 1

ATIVIDADES HUMANAS	67
Emprego. Negócios. Parte 1	67
69. Escritório. O trabalho no escritório	67
70. Processos negociais. Parte 1	68
71. Processos negociais. Parte 2	69
72. Produção. Trabalhos	70
73. Contrato. Acordo	71
74. Importação & Exportação	72
75. Finanças	72
76. Marketing	73
77. Publicidade	74
78. Banca	74
79. Telefone. Conversação telefónica	75
80. Telefone móvel	76
81. Estacionário	76
82. Tipos de negócios	77

Emprego. Negócios. Parte 2

Emprego. Negócios. Parte 2	79
83. Espetáculo. Feira	79
84. Ciência. Investigação. Cientistas	80

Profissões e ocupações

Profissões e ocupações	82
85. Procura de emprego. Demissão	82
86. Gente de negócios	82
87. Profissões de serviços	83
88. Profissões militares e postos	84
89. Oficiais. Padres	85
90. Profissões agrícolas	85
91. Profissões artísticas	86
92. Várias profissões	86
93. Ocupações. Estatuto social	88

Educação

Educação	89
94. Escola	89
95. Colégio. Universidade	90
96. Ciências. Disciplinas	91
97. Sistema de escrita. Ortografia	91
98. Línguas estrangeiras	92

Descanso. Entretenimento. Viagens	94
99. Viagens	94
100. Hotel	94

EQUIPAMENTO TÉCNICO. TRANSPORTES — 96
Equipamento técnico. Transportes — 96

101. Computador	96
102. Internet. E-mail	97
103. Eletricidade	98
104. Ferramentas	98

Transportes — 101

105. Avião	101
106. Comboio	102
107. Barco	103
108. Aeroporto	104

Eventos — 106

109. Férias. Evento	106
110. Funerais. Enterro	107
111. Guerra. Soldados	107
112. Guerra. Ações militares. Parte 1	108
113. Guerra. Ações militares. Parte 2	110
114. Armas	111
115. Povos da antiguidade	113
116. Idade média	113
117. Líder. Chefe. Autoridades	115
118. Viloação da lei. Criminosos. Parte 1	116
119. Viloação da lei. Criminosos. Parte 2	117
120. Polícia. Lei. Parte 1	118
121. Polícia. Lei. Parte 2	119

NATUREZA — 121
A Terra. Parte 1 — 121

122. Espaço sideral	121
123. A Terra	122
124. Pontos cardeais	123
125. Mar. Oceano	123
126. Nomes de Mares e Oceanos	124
127. Montanhas	125
128. Nomes de montanhas	126
129. Rios	126
130. Nomes de rios	127
131. Floresta	127
132. Recursos naturais	128

A Terra. Parte 2	130
133. Tempo	130
134. Tempo extremo. Catástrofes naturais	131

Fauna	132
135. Mamíferos. Predadores	132
136. Animais selvagens	132
137. Animais domésticos	133
138. Pássaros	134
139. Peixes. Animais marinhos	136
140. Amfíbios. Répteis	136
141. Insetos	137

Flora	138
142. Árvores	138
143. Arbustos	138
144. Frutos. Bagas	139
145. Flores. Plantas	140
146. Cereais, grãos	141

PAÍSES. NACIONALIDADES	142
147. Europa Ocidental	142
148. Europa Central e de Leste	142
149. Países da ex-URSS	143
150. Asia	143
151. América do Norte	144
152. América Central do Sul	144
153. Africa	145
154. Austrália. Oceania	145
155. Cidades	145

GUIA DE PRONUNCIAÇÃO

Letra	Exemplo Francês	Alfabeto fonético T&P	Exemplo Português

Vogais

A a	cravate	[a]	chamar
E e	mer	[ɛ]	mesquita
I i [1]	hier	[j]	géiser
I i [2]	musique	[i]	sinónimo
O o	porte	[o], [ɔ]	noite
U u	rue	[y]	questionar
Y y [3]	yacht	[j]	géiser
Y y [4]	type	[i]	sinónimo

Consoantes

B b	robe	[b]	barril
C c [5]	place	[s]	sanita
C c [6]	canard	[k]	kiwi
Ç ç	leçon	[s]	sanita
D d	disque	[d]	dentista
F f	femme	[f]	safári
G g [7]	page	[ʒ]	talvez
G g [8]	gare	[g]	gosto
H h	héros	[h]	[h] mudo
J j	jour	[ʒ]	talvez
K k	kilo	[k]	kiwi
L l	aller	[l]	libra
M m	maison	[m]	magnólia
N n	nom	[n]	natureza
P p	papier	[p]	presente
Q q	cinq	[k]	kiwi
R r	mars	[r]	[r] vibrante
S s [9]	raison	[z]	sésamo
S s [10]	sac	[s]	sanita
T t	table	[t]	tulipa
V v	verre	[v]	fava
W w	Taïwan	[w]	página web
X x [11]	expliquer	[ks]	perplexo
X x [12]	exact	[gz]	Yangtzé
X x [13]	dix	[s]	sanita

Letra	Exemplo Francês	Alfabeto fonético T&P	Exemplo Português
X x [14]	dixième	[z]	sésamo
Z z	zéro	[z]	sésamo

Combinações de letras

ai	faire	[ɛ]	mesquita
au	faute	[o], [o:]	noite
ay	payer	[eɪ]	seis
ei	treize	[ɛ]	mesquita
eau	eau	[o], [o:]	noite
eu	beurre	[ø]	orgulhoso
œ	œil	[ø]	orgulhoso
œu	cœur	[ø:]	orgulhoso
ou	nous	[u]	bonita
oi	noir	[wa]	Taiwan
oy	voyage	[wa]	Taiwan
qu	quartier	[k]	kiwi
ch	chat	[ʃ]	mês
th	thé	[t]	tulipa
ph	photo	[f]	safári
gu [15]	guerre	[g]	gosto
ge [16]	géographie	[ʒ]	talvez
gn	ligne	[ɲ]	ninhada
on, om	maison, nom	[ɔ̃]	anaconda

Comentários

[1] antes de vogais
[2] noutras situações
[3] antes de vogais
[4] noutras situações
[5] antes de **e, i, y**
[6] noutras situações
[7] antes de **e, i, y**
[8] noutras situações
[9] entre duas vogais
[10] noutras situações
[11] na maioria dos casos
[12] raramente
[13] em **dix, six, soixante**
[14] em **dixième, sixième**
[15] antes de **e, i, u**
[16] antes de **a, o, y**

ABREVIATURAS
usadas no vocabulário

Abreviaturas do Português

adj	-	adjetivo
adv	-	advérbio
anim.	-	animado
conj.	-	conjunção
desp.	-	desporto
etc.	-	etecetra
ex.	-	por exemplo
f	-	nome feminino
f pl	-	feminino plural
fem.	-	feminino
inanim.	-	inanimado
m	-	nome masculino
m pl	-	masculino plural
m, f	-	masculino, feminino
masc.	-	masculino
mat.	-	matemática
mil.	-	militar
pl	-	plural
prep.	-	preposição
pron.	-	pronome
sb.	-	sobre
sing.	-	singular
v aux	-	verbo auxiliar
vi	-	verbo intransitivo
vi, vt	-	verbo intransitivo, transitivo
vr	-	verbo reflexivo
vt	-	verbo transitivo

Abreviaturas do Francês

adj	-	adjetivo
adv	-	advérbio
conj	-	conjunção
etc.	-	etecetra
f	-	nome feminino
f pl	-	feminino plural
m	-	nome masculino
m pl	-	masculino plural

m, f	-	masculino, feminino
pl	-	plural
prep	-	preposição
pron	-	pronome
v aux	-	verbo auxiliar
v imp	-	verbo impessoal
vi	-	verbo intransitivo
vi, vt	-	verbo intransitivo, transitivo
vp	-	verbo pronominal
vt	-	verbo transitivo

CONCEITOS BÁSICOS

Conceitos básicos. Parte 1

1. Pronomes

eu	je	[ʒə]
tu	tu	[ty]
ele	il	[il]
ela	elle	[ɛl]
ele, ela (neutro)	ça	[sa]
nós	nous	[nu]
vocês	vous	[vu]
eles	ils	[il]
elas	elles	[ɛl]

2. Cumprimentos. Saudações. Despedidas

Olá!	Bonjour!	[bɔ̃ʒur]
Bom dia! (formal)	Bonjour!	[bɔ̃ʒur]
Bom dia! (de manhã)	Bonjour!	[bɔ̃ʒur]
Boa tarde!	Bonjour!	[bɔ̃ʒur]
Boa noite!	Bonsoir!	[bɔ̃swar]
cumprimentar (vt)	dire bonjour	[dir bɔ̃ʒur]
Olá!	Salut!	[saly]
saudação (f)	salut (m)	[saly]
saudar (vt)	saluer (vt)	[salɥe]
Como vai?	Comment allez-vous?	[kɔmɑ̃talevu]
Como vais?	Comment ça va?	[kɔmɑ̃ sa va]
O que há de novo?	Quoi de neuf?	[kwa də nœf]
Até à vista!	Au revoir!	[orəvwar]
Até breve!	À bientôt!	[a bjɛ̃to]
Adeus!	Adieu!	[adjø]
despedir-se (vr)	dire au revoir	[dir ərəvwar]
Até logo!	Salut!	[saly]
Obrigado! -a!	Merci!	[mɛrsi]
Muito obrigado! -a!	Merci beaucoup!	[mɛrsi boku]
De nada	Je vous en prie	[ʒə vuzɑ̃pri]
Não tem de quê	Il n'y a pas de quoi	[il njapɑ də kwa]
De nada	Pas de quoi	[pɑ də kwa]
Desculpa!	Excuse-moi!	[ɛkskyz mwa]
Desculpe!	Excusez-moi!	[ɛkskyze mwa]

desculpar (vt)	excuser (vt)	[ɛkskyze]
desculpar-se (vr)	s'excuser (vp)	[sɛkskyze]
As minhas desculpas	Mes excuses	[me zɛkskyz]
Desculpe!	Pardonnez-moi!	[pardɔne mwa]
perdoar (vt)	pardonner (vt)	[pardɔne]
Não faz mal	C'est pas grave	[sepagrav]
por favor	s'il vous plaît	[silvuple]
Não se esqueça!	N'oubliez pas!	[nublije pɑ]
Certamente! Claro!	Bien sûr!	[bjɛ̃ syːr]
Claro que não!	Bien sûr que non!	[bjɛ̃ syr kə nɔ̃]
Está bem! De acordo!	D'accord!	[dakɔr]
Basta!	Ça suffit!	[sa syfi]

3. Como se dirigir a alguém

senhor	monsieur	[məsjø]
senhora	madame	[madam]
rapariga	mademoiselle	[madmwazɛl]
rapaz	jeune homme	[ʒœn ɔm]
menino	petit garçon	[pti garsɔ̃]
menina	petite fille	[ptit fij]

4. Números cardinais. Parte 1

zero	zéro	[zero]
um	un	[œ̃]
dois	deux	[dø]
três	trois	[trwa]
quatro	quatre	[katr]
cinco	cinq	[sɛ̃k]
seis	six	[sis]
sete	sept	[sɛt]
oito	huit	[ɥit]
nove	neuf	[nœf]
dez	dix	[dis]
onze	onze	[ɔ̃z]
doze	douze	[duz]
treze	treize	[trɛz]
catorze	quatorze	[katɔrz]
quinze	quinze	[kɛ̃z]
dezasseis	seize	[sɛz]
dezassete	dix-sept	[disɛt]
dezoito	dix-huit	[dizɥit]
dezanove	dix-neuf	[diznœf]
vinte	vingt	[vɛ̃]
vinte e um	vingt et un	[vɛ̃teœ̃]
vinte e dois	vingt-deux	[vɛ̃tdø]

vinte e três	vingt-trois	[vɛ̃trwa]
trinta	trente	[trɑ̃t]
trinta e um	trente et un	[trɑ̃tœ̃]
trinta e dois	trente-deux	[trɑ̃t dø]
trinta e três	trente-trois	[trɑ̃t trwa]
quarenta	quarante	[karɑ̃t]
quarenta e um	quarante et un	[karɑ̃tœ̃]
quarenta e dois	quarante-deux	[karɑ̃t dø]
quarenta e três	quarante-trois	[karɑ̃t trwa]
cinquenta	cinquante	[sɛ̃kɑ̃t]
cinquenta e um	cinquante et un	[sɛ̃kɑ̃tœ̃]
cinquenta e dois	cinquante-deux	[sɛ̃kɑ̃t dø]
cinquenta e três	cinquante-trois	[sɛ̃kɑ̃t trwa]
sessenta	soixante	[swasɑ̃t]
sessenta e um	soixante et un	[swasɑ̃tœ̃]
sessenta e dois	soixante-deux	[swasɑ̃t dø]
sessenta e três	soixante-trois	[swasɑ̃t trwa]
setenta	soixante-dix	[swasɑ̃tdis]
setenta e um	soixante et onze	[swasɑ̃te ɔ̃z]
setenta e dois	soixante-douze	[swasɑ̃t duz]
setenta e três	soixante-treize	[swasɑ̃t trɛz]
oitenta	quatre-vingts	[katrəvɛ̃]
oitenta e um	quatre-vingt et un	[katrəvɛ̃tœ̃]
oitenta e dois	quatre-vingt deux	[katrəvɛ̃ dø]
oitenta e três	quatre-vingt trois	[katrəvɛ̃ trwa]
noventa	quatre-vingt-dix	[katrəvɛ̃dis]
noventa e um	quatre-vingt et onze	[katrəvɛ̃ teɔ̃z]
noventa e dois	quatre-vingt-douze	[katrəvɛ̃ duz]
noventa e três	quatre-vingt-treize	[katrəvɛ̃ trɛz]

5. Números cardinais. Parte 2

cem	cent	[sɑ̃]
duzentos	deux cents	[dø sɑ̃]
trezentos	trois cents	[trwa sɑ̃]
quatrocentos	quatre cents	[katr sɑ̃]
quinhentos	cinq cents	[sɛ̃k sɑ̃]
seiscentos	six cents	[si sɑ̃]
setecentos	sept cents	[sɛt sɑ̃]
oitocentos	huit cents	[ɥi sɑ̃]
novecentos	neuf cents	[nœf sɑ̃]
mil	mille	[mil]
dois mil	deux mille	[dø mil]
De quem são ...?	trois mille	[trwa mil]
dez mil	dix mille	[di mil]
cem mil	cent mille	[sɑ̃ mil]

| um milhão | million (m) | [miljɔ̃] |
| mil milhões | milliard (m) | [miljar] |

6. Números ordinais

primeiro	premier (adj)	[prəmje]
segundo	deuxième (adj)	[døzjɛm]
terceiro	troisième (adj)	[trwazjɛm]
quarto	quatrième (adj)	[katrijɛm]
quinto	cinquième (adj)	[sɛ̃kjɛm]
sexto	sixième (adj)	[sizjɛm]
sétimo	septième (adj)	[sɛtjɛm]
oitavo	huitième (adj)	[ɥitjɛm]
nono	neuvième (adj)	[nœvjɛm]
décimo	dixième (adj)	[dizjɛm]

7. Números. Frações

fração (f)	fraction (f)	[fraksjɔ̃]
um meio	un demi	[œ̃ dəmi]
um terço	un tiers	[œ̃ tjɛr]
um quarto	un quart	[œ̃ kar]
um oitavo	un huitième	[œn ɥitjɛm]
um décimo	un dixième	[œ̃ dizjɛm]
dois terços	deux tiers	[dø tjɛr]
três quartos	trois quarts	[trwa kar]

8. Números. Operações básicas

subtração (f)	soustraction (f)	[sustraksjɔ̃]
subtrair (vi, vt)	soustraire (vt)	[sustrɛr]
divisão (f)	division (f)	[divizjɔ̃]
dividir (vt)	diviser (vt)	[divize]
adição (f)	addition (f)	[adisjɔ̃]
somar (vt)	additionner (vt)	[adisjɔne]
adicionar (vt)	additionner (vt)	[adisjɔne]
multiplicação (f)	multiplication (f)	[myltiplikasjɔ̃]
multiplicar (vt)	multiplier (vt)	[myltiplije]

9. Números. Diversos

algarismo, dígito (m)	chiffre (m)	[ʃifr]
número (m)	nombre (m)	[nɔ̃br]
numeral (m)	adjectif (m) numéral	[adʒɛktif nymeral]
menos (m)	moins (m)	[mwɛ̃]

mais (m)	plus (m)	[ply]
fórmula (f)	formule (f)	[fɔrmyl]
cálculo (m)	calcul (m)	[kalkyl]
contar (vt)	compter (vt)	[kɔ̃te]
calcular (vt)	calculer (vt)	[kalkyle]
comparar (vt)	comparer (vt)	[kɔ̃pare]
Quanto, -os, -as?	Combien?	[kɔ̃bjɛ̃]
soma (f)	somme (f)	[sɔm]
resultado (m)	résultat (m)	[rezylta]
resto (m)	reste (m)	[rɛst]
alguns, algumas ...	quelques ...	[kɛlkə]
um pouco de ...	peu de ...	[pø də]
resto (m)	reste (m)	[rɛst]
um e meio	un et demi	[œne dəmi]
dúzia (f)	douzaine (f)	[duzɛn]
ao meio	en deux	[ã dø]
em partes iguais	en parties égales	[ã parti egal]
metade (f)	moitié (f)	[mwatje]
vez (f)	fois (f)	[fwa]

10. Os verbos mais importantes. Parte 1

abrir (vt)	ouvrir (vt)	[uvrir]
acabar, terminar (vt)	finir (vt)	[finir]
aconselhar (vt)	conseiller (vt)	[kɔ̃seje]
adivinhar (vt)	deviner (vt)	[dəvine]
advertir (vt)	avertir (vt)	[avɛrtir]
ajudar (vt)	aider (vt)	[ede]
almoçar (vi)	déjeuner (vi)	[deʒœne]
alugar (~ um apartamento)	louer (vt)	[lwe]
amar (vt)	aimer (vt)	[eme]
ameaçar (vt)	menacer (vt)	[mənase]
anotar (escrever)	prendre en note	[prãdr ã nɔt]
apanhar (vt)	attraper (vt)	[atrape]
apressar-se (vr)	être pressé	[ɛtr prese]
arrepender-se (vr)	regretter (vt)	[rəgrɛte]
assinar (vt)	signer (vt)	[siɲe]
atirar, disparar (vi)	tirer (vi)	[tire]
brincar (vi)	plaisanter (vi)	[plɛzɑ̃te]
brincar, jogar (crianças)	jouer (vt)	[ʒwe]
buscar (vt)	chercher (vt)	[ʃɛrʃe]
caçar (vi)	chasser (vi, vt)	[ʃase]
cair (vi)	tomber (vi)	[tɔ̃be]
cavar (vt)	creuser (vt)	[krøze]
cessar (vt)	cesser (vt)	[sese]
chamar (~ por socorro)	appeler (vt)	[aple]

| chegar (vi) | venir (vi) | [vənir] |
| chorar (vi) | pleurer (vi) | [plœre] |

começar (vt)	commencer (vt)	[kɔmɑ̃se]
comparar (vt)	comparer (vt)	[kɔ̃pare]
compreender (vt)	comprendre (vt)	[kɔ̃prɑ̃dr]
concordar (vi)	être d'accord	[ɛtr dakɔr]
confiar (vt)	avoir confiance	[avwar kɔ̃fjɑ̃s]

confundir (equivocar-se)	confondre (vt)	[kɔ̃fɔ̃dr]
conhecer (vt)	connaître (vt)	[kɔnɛtr]
contar (fazer contas)	compter (vi, vt)	[kɔ̃te]
contar com (esperar)	compter sur ...	[kɔ̃te syr]
continuar (vt)	continuer (vt)	[kɔ̃tinɥe]

controlar (vt)	contrôler (vt)	[kɔ̃trole]
convidar (vt)	inviter (vt)	[ɛ̃vite]
correr (vi)	courir (vt)	[kurir]
criar (vt)	créer (vt)	[kree]
custar (vt)	coûter (vt)	[kute]

11. Os verbos mais importantes. Parte 2

dar (vt)	donner (vt)	[dɔne]
dar uma dica	donner un indice	[dɔne ynɛ̃dis]
decorar (enfeitar)	décorer (vt)	[dekɔre]
defender (vt)	défendre (vt)	[defɑ̃dr]
deixar cair (vt)	faire tomber	[fɛr tɔ̃be]
descer (para baixo)	descendre (vi)	[desɑ̃dr]
desculpar (vt)	excuser (vt)	[ɛkskyze]
desculpar-se (vr)	s'excuser (vp)	[sɛkskyze]
dirigir (~ uma empresa)	diriger (vt)	[diriʒe]
discutir (notícias, etc.)	discuter (vt)	[diskyte]
dizer (vt)	dire (vt)	[dir]

duvidar (vt)	douter (vt)	[dute]
encontrar (achar)	trouver (vt)	[truve]
enganar (vt)	tromper (vt)	[trɔ̃pe]
entrar (na sala, etc.)	entrer (vi)	[ɑ̃tre]
enviar (uma carta)	envoyer (vt)	[ɑ̃vwaje]

errar (equivocar-se)	se tromper (vp)	[sə trɔ̃pe]
escolher (vt)	choisir (vt)	[ʃwazir]
esconder (vt)	cacher (vt)	[kaʃe]
escrever (vt)	écrire (vt)	[ekrir]
esperar (o autocarro, etc.)	attendre (vt)	[atɑ̃dr]

esperar (ter esperança)	espérer (vi)	[ɛspere]
esquecer (vt)	oublier (vt)	[ublije]
estudar (vt)	étudier (vt)	[etydje]
exigir (vt)	exiger (vt)	[ɛgziʒe]
existir (vi)	exister (vi)	[ɛgziste]
explicar (vt)	expliquer (vt)	[ɛksplike]
falar (vi)	parler (vi, vt)	[parle]

faltar (clases, etc.)	marquer (vt)	[mɑ̃ke]
fazer (vt)	faire (vt)	[fɛr]
ficar em silêncio	rester silencieux	[rɛste silɑ̃sjø]
gabar-se, jactar-se (vr)	se vanter (vp)	[sə vɑ̃te]
gostar (apreciar)	plaire (vt)	[plɛr]
gritar (vi)	crier (vi)	[krije]
guardar (cartas, etc.)	garder (vt)	[garde]
informar (vt)	informer (vt)	[ɛ̃fɔrme]
insistir (vi)	insister (vi)	[ɛ̃siste]
insultar (vt)	insulter (vt)	[ɛ̃sylte]
interessar-se (vr)	s'intéresser (vp)	[sɛ̃terese]
ir (a pé)	aller (vi)	[ale]
ir nadar	se baigner (vp)	[sə beɲe]
jantar (vi)	dîner (vi)	[dine]

12. Os verbos mais importantes. Parte 3

ler (vt)	lire (vi, vt)	[lir]
libertar (cidade, etc.)	libérer (vt)	[libere]
matar (vt)	tuer (vt)	[tɥe]
mencionar (vt)	mentionner (vt)	[mɑ̃sjɔne]
mostrar (vt)	montrer (vt)	[mɔ̃tre]
mudar (modificar)	changer (vt)	[ʃɑ̃ʒe]
nadar (vi)	nager (vi)	[naʒe]
negar-se a …	se refuser (vp)	[sə rəfyze]
objetar (vt)	objecter (vt)	[ɔbʒɛkte]
observar (vt)	observer (vt)	[ɔpsɛrve]
ordenar (mil.)	ordonner (vt)	[ɔrdɔne]
ouvir (vt)	entendre (vt)	[ɑ̃tɑ̃dr]
pagar (vt)	payer (vi, vt)	[peje]
parar (vi)	s'arrêter (vp)	[sarete]
participar (vi)	participer à …	[partisipe a]
pedir (comida)	commander (vt)	[kɔmɑ̃de]
pedir (um favor, etc.)	demander (vt)	[dəmɑ̃de]
pegar (tomar)	prendre (vt)	[prɑ̃dr]
pensar (vt)	penser (vi, vt)	[pɑ̃se]
perceber (ver)	apercevoir (vt)	[apɛrsəvwar]
perdoar (vt)	pardonner (vt)	[pardɔne]
perguntar (vt)	demander (vt)	[dəmɑ̃de]
permitir (vt)	permettre (vt)	[pɛrmɛtr]
pertencer a …	appartenir à …	[apartənir a]
planear (vt)	planifier (vt)	[planifje]
poder (vi)	pouvoir (v aux)	[puvwar]
possuir (vt)	posséder (vt)	[pɔsede]
preferir (vt)	préférer (vt)	[prefere]
preparar (vt)	préparer (vt)	[prepare]
prever (vt)	prévoir (vt)	[prevwar]

prometer (vt)	promettre (vt)	[prɔmɛtr]
pronunciar (vt)	prononcer (vt)	[prɔnɔ̃se]
propor (vt)	proposer (vt)	[prɔpoze]
punir (castigar)	punir (vt)	[pynir]

13. Os verbos mais importantes. Parte 4

queixar-se (vr)	se plaindre (vp)	[sə plɛ̃dr]
querer (desejar)	vouloir (vt)	[vulwar]
recomendar (vt)	recommander (vt)	[rəkɔmɑ̃de]
repetir (dizer outra vez)	répéter (vt)	[repete]

repreender (vt)	gronder (vt), réprimander (vt)	[grɔ̃de], [reprimɑ̃de]
reservar (~ um quarto)	réserver (vt)	[rezɛrve]
responder (vt)	répondre (vi, vt)	[repɔ̃dr]
rezar, orar (vi)	prier (vt)	[prije]
rir (vi)	rire (vi)	[rir]

roubar (vt)	voler (vt)	[vɔle]
saber (vt)	savoir (vt)	[savwar]
sair (~ de casa)	sortir (vi)	[sɔrtir]
salvar (vt)	sauver (vt)	[sove]
seguir ...	suivre (vt)	[sɥivr]
sentar-se (vr)	s'asseoir (vp)	[saswar]
ser necessário	être nécessaire	[ɛtr nesesɛr]
ser, estar	être (vi)	[ɛtr]
significar (vt)	signifier (vt)	[siɲifje]

sorrir (vi)	sourire (vi)	[surir]
subestimar (vt)	sous-estimer (vt)	[suzɛstime]
surpreender-se (vr)	s'étonner (vp)	[setone]
tentar (vt)	essayer (vt)	[eseje]
ter (vt)	avoir (vt)	[avwar]
ter fome	avoir faim	[avwar fɛ̃]
ter medo	avoir peur	[avwar pœr]
ter sede	avoir soif	[avwar swaf]

tocar (com as mãos)	toucher (vt)	[tuʃe]
tomar o pequeno-almoço	prendre le petit déjeuner	[prɑ̃dr ləpti deʒœne]
trabalhar (vi)	travailler (vi)	[travaje]
traduzir (vt)	traduire (vt)	[tradɥir]
unir (vt)	réunir (vt)	[reynir]

vender (vt)	vendre (vt)	[vɑ̃dr]
ver (vt)	voir (vt)	[vwar]
virar (ex. ~ à direita)	tourner (vi)	[turne]
voar (vi)	voler (vi)	[vɔle]

14. Cores

cor (f)	couleur (f)	[kulœr]
matiz (m)	teinte (f)	[tɛ̃t]

tom (m)	ton (m)	[tɔ̃]
arco-íris (m)	arc-en-ciel (m)	[arkɑ̃sjɛl]
branco	blanc (adj)	[blɑ̃]
preto	noir (adj)	[nwar]
cinzento	gris (adj)	[gri]
verde	vert (adj)	[vɛr]
amarelo	jaune (adj)	[ʒon]
vermelho	rouge (adj)	[ruʒ]
azul	bleu (adj)	[blø]
azul claro	bleu clair (adj)	[blø klɛr]
rosa	rose (adj)	[roz]
laranja	orange (adj)	[ɔrɑ̃ʒ]
violeta	violet (adj)	[vjɔlɛ]
castanho	brun (adj)	[brœ̃]
dourado	d'or (adj)	[dɔr]
prateado	argenté (adj)	[arʒɑ̃te]
bege	beige (adj)	[bɛʒ]
creme	crème (adj)	[krɛm]
turquesa	turquoise (adj)	[tyrkwaz]
vermelho cereja	rouge cerise (adj)	[ruʒ səriz]
lilás	lilas (adj)	[lila]
carmesim	framboise (adj)	[frɑ̃bwaz]
claro	clair (adj)	[klɛr]
escuro	foncé (adj)	[fɔ̃se]
vivo	vif (adj)	[vif]
de cor	de couleur (adj)	[də kulœr]
a cores	en couleurs (adj)	[ɑ̃ kulœr]
preto e branco	noir et blanc (adj)	[nwar e blɑ̃]
unicolor	unicolore (adj)	[ynikɔlɔr]
multicor	multicolore (adj)	[myltikɔlɔr]

15. Questões

Quem?	Qui?	[ki]
Que?	Quoi?	[kwa]
Onde?	Où?	[u]
Para onde?	Où?	[u]
De onde?	D'où?	[du]
Quando?	Quand?	[kɑ̃]
Para quê?	Pourquoi?	[purkwa]
Porquê?	Pourquoi?	[purkwa]
Para quê?	À quoi bon?	[a kwa bɔ̃]
Como?	Comment?	[kɔmɑ̃]
Qual?	Quel?	[kɛl]
Qual? (entre dois ou mais)	Lequel?	[ləkɛl]
A quem?	À qui?	[a ki]

Sobre quem?	De qui?	[də ki]
Do quê?	De quoi?	[də kwa]
Com quem?	Avec qui?	[avɛk ki]
Quanto, -os, -as?	Combien?	[kɔ̃bjɛ̃]
De quem? (masc.)	À qui?	[a ki]

16. Preposições

com (prep.)	avec ... (prep)	[avɛk]
sem (prep.)	sans ... (prep)	[sɑ̃]
a, para (exprime lugar)	à ... (prep)	[a]
sobre (ex. falar ~)	de ... (prep)	[də]
antes de ...	avant ... (prep)	[avɑ̃]
diante de ...	devant ... (prep)	[dəvɑ̃]
sob (debaixo de)	sous ... (prep)	[su]
sobre (em cima de)	au-dessus de ... (prep)	[odsy də]
sobre (~ a mesa)	sur ... (prep)	[syr]
de (vir ~ Lisboa)	de ... (prep)	[də]
de (feito ~ pedra)	en ... (prep)	[ɑ̃]
dentro de (~ dez minutos)	dans ... (prep)	[dɑ̃]
por cima de ...	par dessus ... (prep)	[par dəsy]

17. Palavras funcionais. Advérbios. Parte 1

Onde?	Où?	[u]
aqui	ici (adv)	[isi]
lá, ali	là-bas (adv)	[laba]
em algum lugar	quelque part (adv)	[kɛlkə par]
em lugar nenhum	nulle part (adv)	[nyl par]
ao pé de ...	près de ... (prep)	[prɛ də]
ao pé da janela	près de la fenêtre	[prɛdə la fənɛtr]
Para onde?	Où?	[u]
para cá	ici (adv)	[isi]
para lá	là-bas (adv)	[laba]
daqui	d'ici (adv)	[disi]
de lá, dali	de là-bas (adv)	[də laba]
perto	près (adv)	[prɛ]
longe	loin (adv)	[lwɛ̃]
perto de ...	près de ...	[prɛ də]
ao lado de	tout près (adv)	[tu prɛ]
perto, não fica longe	pas loin (adv)	[pa lwɛ̃]
esquerdo	gauche (adj)	[goʃ]
à esquerda	à gauche (adv)	[agoʃ]

para esquerda	à gauche (adv)	[agoʃ]
direito	droit (adj)	[drwa]
à direita	à droite (adv)	[adrwat]
para direita	à droite (adv)	[adrwat]
à frente	devant (adv)	[dəvã]
da frente	de devant (adj)	[də dəvã]
em frente (para a frente)	en avant (adv)	[an avã]
atrás de ...	derrière (adv)	[dɛrjɛr]
por detrás (vir ~)	par derrière (adv)	[par dɛrjɛr]
para trás	en arrière (adv)	[an arjɛr]
meio (m), metade (f)	milieu (m)	[miljø]
no meio	au milieu (adv)	[omiljø]
de lado	de côté (adv)	[də kote]
em todo lugar	partout (adv)	[partu]
ao redor (olhar ~)	autour (adv)	[otur]
de dentro	de l'intérieur	[də lɛ̃terjœr]
para algum lugar	quelque part (adv)	[kɛlkə par]
diretamente	tout droit (adv)	[tu drwa]
de volta	en arrière (adv)	[an arjɛr]
de algum lugar	de quelque part	[də kɛlkə par]
de um lugar	de quelque part	[də kɛlkə par]
em primeiro lugar	premièrement (adv)	[prəmjɛrmã]
em segundo lugar	deuxièmement (adv)	[døzjɛmmã]
em terceiro lugar	troisièmement (adv)	[trwazjɛmmã]
de repente	soudain (adv)	[sudɛ̃]
no início	au début (adv)	[odeby]
pela primeira vez	pour la première fois	[pur la prəmjɛr fwa]
muito antes de ...	bien avant ...	[bjɛn avã]
de novo, novamente	de nouveau (adv)	[də nuvo]
para sempre	pour toujours (adv)	[pur tuʒur]
nunca	jamais (adv)	[ʒamɛ]
de novo	de nouveau, encore (adv)	[də nuvo], [ãkɔr]
agora	maintenant (adv)	[mɛ̃tnã]
frequentemente	souvent (adv)	[suvã]
então	alors (adv)	[alɔr]
urgentemente	d'urgence (adv)	[dyrʒãs]
usualmente	d'habitude (adv)	[dabityd]
a propósito, ...	à propos, ...	[aprɔpo]
é possível	c'est possible	[sepɔsibl]
provavelmente	probablement (adv)	[prɔbabləmã]
talvez	peut-être (adv)	[pøtɛtr]
além disso, ...	en plus, ...	[ãplys]
por isso ...	c'est pourquoi ...	[se purkwa]
apesar de ...	malgré ...	[malgre]
graças a ...	grâce à ...	[gras a]
que (pron.)	quoi (pron)	[kwa]

que (conj.)	que (conj)	[kə]
algo	quelque chose (pron)	[kɛlkə ʃoz]
alguma coisa	quelque chose (pron)	[kɛlkə ʃoz]
nada	rien	[rjɛ̃]

quem	qui (pron)	[ki]
alguém (~ teve uma ideia ...)	quelqu'un (pron)	[kɛlkœ̃]
alguém	quelqu'un (pron)	[kɛlkœ̃]

ninguém	personne (pron)	[pɛrsɔn]
para lugar nenhum	nulle part (adv)	[nyl par]
de ninguém	de personne	[də pɛrsɔn]
de alguém	de n'importe qui	[də nɛ̃pɔrt ki]

tão	comme ça (adv)	[kɔmsa]
também (gostaria ~ de ...)	également (adv)	[egalmɑ̃]
também (~ eu)	aussi (adv)	[osi]

18. Palavras funcionais. Advérbios. Parte 2

Porquê?	Pourquoi?	[purkwa]
por alguma razão	pour une certaine raison	pur yn sɛrtɛn rɛzɔ̃]
porque ...	parce que ...	[parskə]
por qualquer razão	pour une raison quelconque	[pur yn rɛzɔ̃ kɛlkɔ̃k]

e (tu ~ eu)	et (conj)	[e]
ou (ser ~ não ser)	ou (conj)	[u]
mas (porém)	mais (conj)	[mɛ]
para (~ a minha mãe)	pour ... (prep)	[pur]

demasiado, muito	trop (adv)	[tro]
só, somente	seulement (adv)	[sœlmɑ̃]
exatamente	précisément (adv)	[presizemɑ̃]
cerca de (~ 10 kg)	près de ... (prep)	[prɛ də]

aproximadamente	approximativement	[aprɔksimativmɑ̃]
aproximado	approximatif (adj)	[aprɔksimatif]
quase	presque (adv)	[prɛsk]
resto (m)	reste (m)	[rɛst]

o outro (segundo)	l'autre (adj)	[lotr]
outro	autre (adj)	[otr]
cada	chaque (adj)	[ʃak]
qualquer	n'importe quel (adj)	[nɛ̃pɔrt kɛl]
muito	beaucoup (adv)	[boku]
muitas pessoas	beaucoup de gens	[boku də ʒɑ̃]
todos	tous	[tus]

em troca de ...	en échange de ...	[ɑn eʃɑ̃ʒ də ...]
em troca	en échange (adv)	[ɑn eʃɑ̃ʒ]
à mão	à la main (adv)	[alamɛ̃]
pouco provável	peu probable	[pø prɔbabl]
provavelmente	probablement (adv)	[prɔbabləmɑ̃]

de propósito	exprès (adv)	[ɛksprɛ]
por acidente	par accident (adv)	[par aksidã]
muito	très (adv)	[trɛ]
por exemplo	par exemple (adv)	[par ɛgzãp]
entre	entre ... (prep)	[ãtr]
entre (no meio de)	parmi ... (prep)	[parmi]
tanto	autant (adv)	[otã]
especialmente	surtout (adv)	[syrtu]

Conceitos básicos. Parte 2

19. Dias da semana

segunda-feira (f)	lundi (m)	[lœ̃di]
terça-feira (f)	mardi (m)	[mardi]
quarta-feira (f)	mercredi (m)	[mɛrkrədi]
quinta-feira (f)	jeudi (m)	[ʒødi]
sexta-feira (f)	vendredi (m)	[vɑ̃drədi]
sábado (m)	samedi (m)	[samdi]
domingo (m)	dimanche (m)	[dimɑ̃ʃ]
hoje	aujourd'hui (adv)	[oʒurdɥi]
amanhã	demain (adv)	[dəmɛ̃]
depois de amanhã	après-demain (adv)	[aprɛdmɛ̃]
ontem	hier (adv)	[ijɛr]
anteontem	avant-hier (adv)	[avɑ̃tjɛr]
dia (m)	jour (m)	[ʒur]
dia (m) de trabalho	jour (m) ouvrable	[ʒur uvrabl]
feriado (m)	jour (m) férié	[ʒur ferje]
dia (m) de folga	jour (m) de repos	[ʒur də rəpo]
fim (m) de semana	week-end (m)	[wikɛnd]
o dia todo	toute la journée	[tut la ʒurne]
no dia seguinte	le lendemain	[lɑ̃dmɛ̃]
há dois dias	il y a 2 jours	[ilja də ʒur]
na véspera	la veille	[la vɛj]
diário	quotidien (adj)	[kɔtidjɛ̃]
todos os dias	tous les jours	[tu le ʒur]
semana (f)	semaine (f)	[səmɛn]
na semana passada	la semaine dernière	[la səmɛn dɛrnjɛr]
na próxima semana	la semaine prochaine	[la səmɛn prɔʃɛn]
semanal	hebdomadaire (adj)	[ɛbdɔmadɛr]
cada semana	chaque semaine	[ʃak səmɛn]
duas vezes por semana	2 fois par semaine	[dø fwa par səmɛn]
cada terça-feira	tous les mardis	[tu le mardi]

20. Horas. Dia e noite

manhã (f)	matin (m)	[matɛ̃]
de manhã	le matin	[lə matɛ̃]
meio-dia (m)	midi (m)	[midi]
à tarde	dans l'après-midi	[dɑ̃ laprɛmidi]
noite (f)	soir (m)	[swar]
à noite (noitinha)	le soir	[lə swar]

noite (f)	nuit (f)	[nɥi]
à noite	la nuit	[la nɥi]
meia-noite (f)	minuit (f)	[minɥi]
segundo (m)	seconde (f)	[səgɔ̃d]
minuto (m)	minute (f)	[minyt]
hora (f)	heure (f)	[œr]
meia hora (f)	demi-heure (f)	[dəmijœr]
quarto (m) de hora	un quart d'heure	[œ̃ kar dœr]
quinze minutos	quinze minutes	[kɛ̃z minyt]
vinte e quatro horas	vingt-quatre heures	[vɛ̃tkatr œr]
nascer (m) do sol	lever (m) du soleil	[ləve dy sɔlɛj]
amanhecer (m)	aube (f)	[ob]
madrugada (f)	point (m) du jour	[pwɛ̃ dy ʒur]
pôr do sol (m)	coucher (m) du soleil	[kuʃe dy sɔlɛj]
de madrugada	tôt le matin	[to lə matɛ̃]
hoje de manhã	ce matin	[sə matɛ̃]
amanhã de manhã	demain matin	[dəmɛ̃ matɛ̃]
hoje à tarde	cet après-midi	[sɛt aprɛmidi]
à tarde	dans l'après-midi	[dɑ̃ laprɛmidi]
amanhã à tarde	demain après-midi	[dəmɛn aprɛmidi]
hoje à noite	ce soir	[sə swar]
amanhã à noite	demain soir	[dəmɛ̃ swar]
às três horas em ponto	à trois heures précises	[a trwa zœr presiz]
por volta das quatro	autour de quatre heures	[otur də katr œr]
às doze	vers midi	[vɛr midi]
dentro de vinte minutos	dans 20 minutes	[dɑ̃ vɛ̃ minyt]
dentro duma hora	dans une heure	[dɑ̃zyn œr]
a tempo	à temps	[a tɑ̃]
menos um quarto	... moins le quart	[mwɛ̃ lə kar]
durante uma hora	en une heure	[ɑnyn œr]
a cada quinze minutos	tous les quarts d'heure	[tu le kar dœr]
as vinte e quatro horas	24 heures sur 24	[vɛ̃tkatr œr syr vɛ̃tkatr]

21. Meses. Estações

janeiro (m)	janvier (m)	[ʒɑ̃vje]
fevereiro (m)	février (m)	[fevrije]
março (m)	mars (m)	[mars]
abril (m)	avril (m)	[avril]
maio (m)	mai (m)	[mɛ]
junho (m)	juin (m)	[ʒɥɛ̃]
julho (m)	juillet (m)	[ʒɥijɛ]
agosto (m)	août (m)	[ut]
setembro (m)	septembre (m)	[sepɑrəmɑ̃]
outubro (m)	octobre (m)	[ɔktɔbr]

novembro (m)	novembre (m)	[nɔvɑ̃br]
dezembro (m)	décembre (m)	[desɑ̃br]

primavera (f)	printemps (m)	[prɛ̃tɑ̃]
na primavera	au printemps	[oprɛ̃tɑ̃]
primaveril	de printemps (adj)	[də prɛ̃tɑ̃]

verão (m)	été (m)	[ete]
no verão	en été	[ɑn ete]
de verão	d'été (adj)	[dete]

outono (m)	automne (m)	[otɔn]
no outono	en automne	[ɑn otɔn]
outonal	d'automne (adj)	[dotɔn]

inverno (m)	hiver (m)	[ivɛr]
no inverno	en hiver	[ɑn ivɛr]
de inverno	d'hiver (adj)	[divɛr]

mês (m)	mois (m)	[mwa]
este mês	ce mois	[sə mwa]
no próximo mês	le mois prochain	[lə mwa prɔʃɛ̃]
no mês passado	le mois dernier	[lə mwa dɛrnje]

há um mês	il y a un mois	[ilja œ̃ mwa]
dentro de um mês	dans un mois	[dɑ̃zœn mwa]
dentro de dois meses	dans 2 mois	[dɑ̃ dø mwa]
todo o mês	tout le mois	[tu lə mwa]
um mês inteiro	tout un mois	[tutœ̃ mwa]

mensal	mensuel (adj)	[mɑ̃sɥɛl]
mensalmente	mensuellement	[mɑ̃sɥɛlmɑ̃]
cada mês	chaque mois	[ʃak mwa]
duas vezes por mês	2 fois par mois	[dø fwa par mwa]

ano (m)	année (f)	[ane]
este ano	cette année	[sɛt ane]
no próximo ano	l'année prochaine	[lane prɔʃɛn]
no ano passado	l'année dernière	[lane dɛrnjɛr]

há um ano	il y a un an	[ilja œnɑ̃]
dentro dum ano	dans un an	[dɑ̃zœn ɑ̃]
dentro de 2 anos	dans deux ans	[dɑ̃ dø zɑ̃]
todo o ano	toute l'année	[tut lane]
um ano inteiro	toute une année	[tutyn ane]

cada ano	chaque année	[ʃak ane]
anual	annuel (adj)	[anɥɛl]
anualmente	annuellement	[anɥɛlmɑ̃]
quatro vezes por ano	quatre fois par an	[katr fwa parɑ̃]

data (~ de hoje)	date (f)	[dat]
data (ex. ~ de nascimento)	date (f)	[dat]
calendário (m)	calendrier (m)	[kalɑ̃drije]
meio ano	six mois	[si mwa]
seis meses	semestre (m)	[səmɛstr]

estação (f)	saison (f)	[sɛzɔ̃]
século (m)	siècle (m)	[sjɛkl]

22. Unidades de medida

peso (m)	poids (m)	[pwa]
comprimento (m)	longueur (f)	[lɔ̃gœr]
largura (f)	largeur (f)	[larʒœr]
altura (f)	hauteur (f)	[otœr]
profundidade (f)	profondeur (f)	[prɔfɔ̃dœr]
volume (m)	volume (m)	[vɔlym]
área (f)	aire (f)	[ɛr]
grama (m)	gramme (m)	[gram]
miligrama (m)	milligramme (m)	[miligram]
quilograma (m)	kilogramme (m)	[kilogram]
tonelada (f)	tonne (f)	[tɔn]
libra (453,6 gramas)	livre (f)	[livr]
onça (f)	once (f)	[ɔ̃s]
metro (m)	mètre (m)	[mɛtr]
milímetro (m)	millimètre (m)	[milimɛtr]
centímetro (m)	centimètre (m)	[sɑ̃timɛtr]
quilómetro (m)	kilomètre (m)	[kilomɛtr]
milha (f)	mille (m)	[mil]
polegada (f)	pouce (m)	[pus]
pé (304,74 mm)	pied (m)	[pje]
jarda (914,383 mm)	yard (m)	[jard]
metro (m) quadrado	mètre (m) carré	[mɛtr kare]
hectare (m)	hectare (m)	[ɛktar]
litro (m)	litre (m)	[litr]
grau (m)	degré (m)	[dəgre]
volt (m)	volt (m)	[vɔlt]
ampere (m)	ampère (m)	[ɑ̃pɛr]
cavalo-vapor (m)	cheval-vapeur (m)	[ʃəvalvapœr]
quantidade (f)	quantité (f)	[kɑ̃tite]
um pouco de ...	un peu de ...	[œ̃ pø də]
metade (f)	moitié (f)	[mwatje]
dúzia (f)	douzaine (f)	[duzɛn]
peça (f)	pièce (f)	[pjɛs]
dimensão (f)	dimension (f)	[dimɑ̃sjɔ̃]
escala (f)	échelle (f)	[eʃɛl]
mínimo	minimal (adj)	[minimal]
menor, mais pequeno	le plus petit (adj)	[lə ply pəti]
médio	moyen (adj)	[mwajɛ̃]
máximo	maximal (adj)	[maksimal]
maior, mais grande	le plus grand (adj)	[lə ply grɑ̃]

23. Recipientes

boião (m) de vidro	bocal (m) en verre	[bɔkal ɑ̃ vɛr]
lata (~ de cerveja)	boîte, canette (f)	[bwat], [kanɛt]
balde (m)	seau (m)	[so]
barril (m)	tonneau (m)	[tɔno]

bacia (~ de plástico)	bassine, cuvette (f)	[basin], [kyvɛt]
tanque (m)	cuve (f)	[kyv]
cantil (m) de bolso	flasque (f)	[flask]
bidão (m) de gasolina	jerrican (m)	[ʒerikan]
cisterna (f)	citerne (f)	[sitɛrn]

caneca (f)	tasse (f), mug (m)	[tɑs], [mʌg]
chávena (f)	tasse (f)	[tɑs]
pires (m)	soucoupe (f)	[sukup]
copo (m)	verre (m)	[vɛr]
taça (f) de vinho	verre (m) à vin	[vɛr a vɛ̃]
panela, caçarola (f)	faitout (m)	[fɛtu]

garrafa (f)	bouteille (f)	[butɛj]
gargalo (m)	goulot (m)	[gulo]

jarro, garrafa (f)	carafe (f)	[karaf]
jarro (m) de barro	pichet (m)	[piʃɛ]
recipiente (m)	récipient (m)	[resipjɑ̃]
pote (m)	pot (m)	[po]
vaso (m)	vase (m)	[vaz]

frasco (~ de perfume)	flacon (m)	[flakɔ̃]
frasquinho (ex. ~ de iodo)	fiole (f)	[fjɔl]
tubo (~ de pasta dentífrica)	tube (m)	[tyb]

saca (ex. ~ de açúcar)	sac (m)	[sak]
saco (~ de plástico)	sac (m)	[sak]
maço (m)	paquet (m)	[pakɛ]

caixa (~ de sapatos, etc.)	boîte (f)	[bwat]
caixa (~ de madeira)	caisse (f)	[kɛs]
cesta (f)	panier (m)	[panje]

O SER HUMANO

O ser humano. O corpo

24. Cabeça

cabeça (f)	tête (f)	[tɛt]
cara (f)	visage (m)	[vizaʒ]
nariz (m)	nez (m)	[ne]
boca (f)	bouche (f)	[buʃ]
olho (m)	œil (m)	[œj]
olhos (m pl)	les yeux	[lezjø]
pupila (f)	pupille (f)	[pypij]
sobrancelha (f)	sourcil (m)	[sursi]
pestana (f)	cil (m)	[sil]
pálpebra (f)	paupière (f)	[popjɛr]
língua (f)	langue (f)	[lãg]
dente (m)	dent (f)	[dã]
lábios (m pl)	lèvres (f pl)	[lɛvr]
maçãs (f pl) do rosto	pommettes (f pl)	[pɔmɛt]
gengiva (f)	gencive (f)	[ʒãsiv]
palato (m)	palais (m)	[palɛ]
narinas (f pl)	narines (f pl)	[narin]
queixo (m)	menton (m)	[mãtõ]
mandíbula (f)	mâchoire (f)	[mɑʃwar]
bochecha (f)	joue (f)	[ʒu]
testa (f)	front (m)	[frõ]
têmpora (f)	tempe (f)	[tãp]
orelha (f)	oreille (f)	[ɔrɛj]
nuca (f)	nuque (f)	[nyk]
pescoço (m)	cou (m)	[ku]
garganta (f)	gorge (f)	[gɔrʒ]
cabelos (m pl)	cheveux (m pl)	[ʃəvø]
penteado (m)	coiffure (f)	[kwafyr]
corte (m) de cabelo	coupe (f)	[kup]
peruca (f)	perruque (f)	[peryk]
bigode (m)	moustache (f)	[mustaʃ]
barba (f)	barbe (f)	[barb]
usar, ter (~ barba, etc.)	porter (vt)	[pɔrte]
trança (f)	tresse (f)	[trɛs]
suíças (f pl)	favoris (m pl)	[favɔri]
ruivo	roux (adj)	[ru]
grisalho	gris (adj)	[gri]

calvo	chauve (adj)	[ʃov]
calva (f)	calvitie (f)	[kalvisi]
rabo-de-cavalo (m)	queue (f) de cheval	[kø də ʃəval]
franja (f)	frange (f)	[frãʒ]

25. Corpo humano

mão (f)	main (f)	[mɛ̃]
braço (m)	bras (m)	[bra]
dedo (m)	doigt (m)	[dwa]
dedo (m) do pé	orteil (m)	[ɔrtɛj]
polegar (m)	pouce (m)	[pus]
dedo (m) mindinho	petit doigt (m)	[pəti dwa]
unha (f)	ongle (m)	[ɔ̃gl]
punho (m)	poing (m)	[pwɛ̃]
palma (f) da mão	paume (f)	[pom]
pulso (m)	poignet (m)	[pwaɲɛ]
antebraço (m)	avant-bras (m)	[avɑ̃bra]
cotovelo (m)	coude (m)	[kud]
ombro (m)	épaule (f)	[epol]
perna (f)	jambe (f)	[ʒɑ̃b]
pé (m)	pied (m)	[pje]
joelho (m)	genou (m)	[ʒənu]
barriga (f) da perna	mollet (m)	[mɔlɛ]
anca (f)	hanche (f)	[ɑ̃ʃ]
calcanhar (m)	talon (m)	[talɔ̃]
corpo (m)	corps (m)	[kɔr]
barriga (f)	ventre (m)	[vɑ̃tr]
peito (m)	poitrine (f)	[pwatrin]
seio (m)	sein (m)	[sɛ̃]
lado (m)	côté (m)	[kote]
costas (f pl)	dos (m)	[do]
região (f) lombar	reins (m pl), région (f) lombaire	[rɛn], [reʒjɔ̃ lɔ̃bɛr]
cintura (f)	taille (f)	[taj]
umbigo (m)	nombril (m)	[nɔ̃bril]
nádegas (f pl)	fesses (f pl)	[fɛs]
traseiro (m)	derrière (m)	[dɛrjɛr]
sinal (m)	grain (m) de beauté	[grɛ̃ də bote]
sinal (m) de nascença	tache (f) de vin	[taʃ də vɛ̃]
tatuagem (f)	tatouage (m)	[tatwaʒ]
cicatriz (f)	cicatrice (f)	[sikatris]

Vestuário & Acessórios

26. Roupa exterior. Casacos

roupa (f)	vêtement (m)	[vɛtmã]
roupa (f) exterior	survêtement (m)	[syrvɛtmã]
roupa (f) de inverno	vêtement (m) d'hiver	[vɛtmã divɛr]
sobretudo (m)	manteau (m)	[mãto]
casaco (m) de peles	manteau (m) de fourrure	[mãto də furyr]
casaco curto (m) de peles	veste (f) en fourrure	[vɛst ã furyr]
casaco (m) acolchoado	manteau (m) de duvet	[manto də dyvɛ]
casaco, blusão (m)	veste (f)	[vɛst]
impermeável (m)	imperméable (m)	[ɛ̃pɛrmeabl]
impermeável	imperméable (adj)	[ɛ̃pɛrmeabl]

27. Vestuário de homem & mulher

camisa (f)	chemise (f)	[ʃəmiz]
calças (f pl)	pantalon (m)	[pãtalɔ̃]
calças (f pl) de ganga	jean (m)	[dʒin]
casaco (m) de fato	veston (m)	[vɛstɔ̃]
fato (m)	complet (m)	[kɔ̃plɛ]
vestido (ex. ~ vermelho)	robe (f)	[rɔb]
saia (f)	jupe (f)	[ʒyp]
blusa (f)	chemisette (f)	[ʃəmizɛt]
casaco (m) de malha	veste (f) en laine	[vɛst ã lɛn]
casaco, blazer (m)	jaquette (f), blazer (m)	[ʒakɛt], [blazɛr]
T-shirt, camiseta (f)	tee-shirt (m)	[tiʃœrt]
calções (Bermudas, etc.)	short (m)	[ʃɔrt]
fato (m) de treino	costume (m) de sport	[kɔstym də spɔr]
roupão (m) de banho	peignoir (m) de bain	[pɛɲwar də bɛ̃]
pijama (m)	pyjama (m)	[piʒama]
suéter (m)	chandail (m)	[ʃãdaj]
pulôver (m)	pull-over (m)	[pylɔvɛr]
colete (m)	gilet (m)	[ʒilɛ]
fraque (m)	queue-de-pie (f)	[kødpi]
smoking (m)	smoking (m)	[smɔkiŋ]
uniforme (m)	uniforme (m)	[ynifɔrm]
roupa (f) de trabalho	tenue (f) de travail	[təny də travaj]
fato-macaco (m)	salopette (f)	[salɔpɛt]
bata (~ branca, etc.)	blouse (f)	[bluz]

28. Vestuário. Roupa interior

roupa (f) interior	sous-vêtements (m pl)	[suvɛtmɑ̃]
cuecas boxer (f pl)	boxer (m)	[bɔksɛr]
cuecas (f pl)	slip (m) de femme	[slip də fam]
camisola (f) interior	maillot (m) de corps	[majo də kɔr]
peúgas (f pl)	chaussettes (f pl)	[ʃosɛt]
camisa (f) de noite	chemise (f) de nuit	[ʃəmiz də nɥi]
sutiã (m)	soutien-gorge (m)	[sutjɛ̃gɔrʒ]
meias longas (f pl)	chaussettes (f pl) hautes	[ʃosɛt ot]
meia-calça (f)	collants (m pl)	[kɔlɑ̃]
meias (f pl)	bas (m pl)	[ba]
fato (m) de banho	maillot (m) de bain	[majo də bɛ̃]

29. Adereços de cabeça

chapéu (m)	chapeau (m)	[ʃapo]
chapéu (m) de feltro	chapeau (m) feutre	[ʃapo føtr]
boné (m) de beisebol	casquette (f) de base-ball	[kaskɛt də bɛzbol]
boné (m)	casquette (f)	[kaskɛt]
boina (f)	béret (m)	[bɛrɛ]
capuz (m)	capuche (f)	[kapyʃ]
panamá (m)	panama (m)	[panama]
gorro (m) de malha	bonnet (m) de laine	[bɔnɛ də lɛn]
lenço (m)	foulard (m)	[fular]
chapéu (m) de mulher	chapeau (m) de femme	[ʃapo də fam]
capacete (m) de proteção	casque (m)	[kask]
bibico (m)	calot (m)	[kalo]
capacete (m)	casque (m)	[kask]
chapéu-coco (m)	melon (m)	[məlɔ̃]
chapéu (m) alto	haut-de-forme (m)	[o də fɔrm]

30. Calçado

calçado (m)	chaussures (f pl)	[ʃosyr]
botinas (f pl)	bottines (f pl)	[bɔtin]
sapatos (de salto alto, etc.)	souliers (m pl)	[sulje]
botas (f pl)	bottes (f pl)	[bɔt]
pantufas (f pl)	chaussons (m pl)	[ʃosɔ̃]
ténis (m pl)	tennis (m pl)	[tenis]
sapatilhas (f pl)	baskets (f pl)	[baskɛt]
sandálias (f pl)	sandales (f pl)	[sɑ̃dal]
sapateiro (m)	cordonnier (m)	[kɔrdɔnje]
salto (m)	talon (m)	[talɔ̃]

par (m)	paire (f)	[pɛr]
atacador (m)	lacet (m)	[lase]
apertar os atacadores	lacer (vt)	[lase]
calçadeira (f)	chausse-pied (m)	[ʃospje]
graxa (f) para calçado	cirage (m)	[siraʒ]

31. Acessórios pessoais

luvas (f pl)	gants (m pl)	[gã]
mitenes (f pl)	moufles (f pl)	[mufl]
cachecol (m)	écharpe (f)	[eʃarp]
óculos (m pl)	lunettes (f pl)	[lynɛt]
armação (f) de óculos	monture (f)	[mɔ̃tyr]
guarda-chuva (m)	parapluie (m)	[paraplɥi]
bengala (f)	canne (f)	[kan]
escova (f) para o cabelo	brosse (f) à cheveux	[brɔs a ʃəvø]
leque (m)	éventail (m)	[evɑ̃taj]
gravata (f)	cravate (f)	[kravat]
gravata-borboleta (f)	nœud papillon (m)	[nø papijɔ̃]
suspensórios (m pl)	bretelles (f pl)	[brətɛl]
lenço (m)	mouchoir (m)	[muʃwar]
pente (m)	peigne (m)	[pɛɲ]
travessão (m)	barrette (f)	[barɛt]
gancho (m) de cabelo	épingle (f) à cheveux	[epɛ̃gl a ʃəvø]
fivela (f)	boucle (f)	[bukl]
cinto (m)	ceinture (f)	[sɛ̃tyr]
correia (f)	bandoulière (f)	[bɑ̃duljɛr]
mala (f)	sac (m)	[sak]
mala (f) de senhora	sac (m) à main	[sak a mɛ̃]
mochila (f)	sac (m) à dos	[sak a do]

32. Vestuário. Diversos

moda (f)	mode (f)	[mɔd]
na moda	à la mode (adj)	[alamɔd]
estilista (m)	couturier (m),	[kutyrje],
	créateur (m) de mode	[kreatœr də mɔd]
colarinho (m), gola (f)	col (m)	[kɔl]
bolso (m)	poche (f)	[pɔʃ]
de bolso	de poche (adj)	[də pɔʃ]
manga (f)	manche (f)	[mɑ̃ʃ]
alcinha (f)	bride (f)	[brid]
braguilha (f)	braguette (f)	[bragɛt]
fecho (m) de correr	fermeture (f) à glissière	[fɛrmətyr a glisjɛr]
fecho (m), colchete (m)	agrafe (f)	[agraf]

35

botão (m)	bouton (m)	[butɔ̃]
casa (f) de botão	boutonnière (f)	[butɔnjɛr]
soltar-se (vr)	sauter (vi)	[sote]

coser, costurar (vi)	coudre (vi, vt)	[kudr]
bordar (vt)	broder (vt)	[brɔde]
bordado (m)	broderie (f)	[brɔdri]
agulha (f)	aiguille (f)	[egɥij]
fio (m)	fil (m)	[fil]
costura (f)	couture (f)	[kutyr]

sujar-se (vr)	se salir (vp)	[sə salir]
mancha (f)	tache (f)	[taʃ]
engelhar-se (vr)	se froisser (vp)	[sə frwase]
rasgar (vt)	déchirer (vt)	[deʃire]
traça (f)	mite (f)	[mit]

33. Cuidados pessoais. Cosméticos

pasta (f) de dentes	dentifrice (m)	[dɑ̃tifris]
escova (f) de dentes	brosse (f) à dents	[brɔs a dɑ̃]
escovar os dentes	se brosser les dents	[sə brɔse le dɑ̃]
máquina (f) de barbear	rasoir (m)	[razwar]
creme (m) de barbear	crème (f) à raser	[krɛm a raze]
barbear-se (vr)	se raser (vp)	[sə raze]
sabonete (m)	savon (m)	[savɔ̃]
champô (m)	shampooing (m)	[ʃɑ̃pwɛ̃]
tesoura (f)	ciseaux (m pl)	[sizo]
lima (f) de unhas	lime (f) à ongles	[lim a ɔ̃gl]
corta-unhas (m)	pinces (f pl) à ongles	[pɛ̃s a ɔ̃gl]
pinça (f)	pince (f)	[pɛ̃s]
cosméticos (m pl)	cosmétiques (m pl)	[kɔsmetik]
máscara (f) facial	masque (m) de beauté	[mask də bote]
manicura (f)	manucure (f)	[manykyr]
fazer a manicura	se faire les ongles	[sə fɛr le zɔ̃gl]
pedicure (f)	pédicurie (f)	[pedikyri]
mala (f) de maquilhagem	trousse (f) de toilette	[trus də twalɛt]
pó (m)	poudre (f)	[pudr]
caixa (f) de pó	poudrier (m)	[pudrije]
blush (m)	fard (m) à joues	[far a ʒu]
perfume (m)	parfum (m)	[parfœ̃]
água (f) de toilette	eau (f) de toilette	[o də twalɛt]
loção (f)	lotion (f)	[losjɔ̃]
água-de-colónia (f)	eau de Cologne (f)	[o də kɔlɔɲ]
sombra (f) de olhos	fard (m) à paupières	[far a popjɛr]
lápis (m) delineador	crayon (m) à paupières	[krɛjɔ̃ a popjɛr]
máscara (f), rímel (m)	mascara (m)	[maskara]

batom (m)	rouge (m) à lèvres	[ruʒ a lɛvr]
verniz (m) de unhas	vernis (m) à ongles	[vɛrni a ɔ̃gl]
laca (f) para cabelos	laque (f) pour les cheveux	[lak pur le ʃəvø]
desodorizante (m)	déodorant (m)	[deɔdɔrɑ̃]
creme (m)	crème (f)	[krɛm]
creme (m) de rosto	crème (f) pour le visage	[krɛm pur lə vizaʒ]
creme (m) de mãos	crème (f) pour les mains	[krɛm pur le mɛ̃]
creme (m) antirrugas	crème (f) anti-rides	[krɛm ɑ̃tirid]
creme (m) de dia	crème (f) de jour	[krɛm də ʒur]
creme (m) de noite	crème (f) de nuit	[krɛm də nɥi]
de dia	de jour (adj)	[də ʒur]
da noite	de nuit (adj)	[də nɥi]
tampão (m)	tampon (m)	[tɑ̃pɔ̃]
papel (m) higiénico	papier (m) de toilette	[papje də twalɛt]
secador (m) elétrico	sèche-cheveux (m)	[sɛʃʃəvø]

34. Relógios de pulso. Relógios

relógio (m) de pulso	montre (f)	[mɔ̃tr]
mostrador (m)	cadran (m)	[kadrɑ̃]
ponteiro (m)	aiguille (f)	[egɥij]
bracelete (f) em aço	bracelet (m)	[braslɛ]
bracelete (f) em couro	bracelet (m)	[braslɛ]
pilha (f)	pile (f)	[pil]
descarregar-se	être déchargé	[ɛtr deʃarʒe]
trocar a pilha	changer de pile	[ʃɑ̃ʒe də pil]
estar adiantado	avancer (vi)	[avɑ̃se]
estar atrasado	retarder (vi)	[rətarde]
relógio (m) de parede	pendule (f)	[pɑ̃dyl]
ampulheta (f)	sablier (m)	[sablije]
relógio (m) de sol	cadran (m) solaire	[kadrɑ̃ sɔlɛr]
despertador (m)	réveil (m)	[revɛj]
relojoeiro (m)	horloger (m)	[ɔrlɔʒe]
reparar (vt)	réparer (vt)	[repare]

Alimentação. Nutrição

35. Comida

carne (f)	viande (f)	[vjɑ̃d]
galinha (f)	poulet (m)	[pulɛ]
frango (m)	poulet (m)	[pulɛ]
pato (m)	canard (m)	[kanar]
ganso (m)	oie (f)	[wa]
caça (f)	gibier (m)	[ʒibje]
peru (m)	dinde (f)	[dɛ̃d]

carne (f) de porco	du porc	[dy pɔr]
carne (f) de vitela	du veau	[dy vo]
carne (f) de carneiro	du mouton	[dy mutɔ̃]
carne (f) de vaca	du bœuf	[dy bœf]
carne (f) de coelho	lapin (m)	[lapɛ̃]

chouriço, salsichão (m)	saucisson (m)	[sosisɔ̃]
salsicha (f)	saucisse (f)	[sosis]
bacon (m)	bacon (m)	[bekɔn]
fiambre (f)	jambon (m)	[ʒɑ̃bɔ̃]
presunto (m)	cuisse (f)	[kɥis]

patê (m)	pâté (m)	[pɑte]
fígado (m)	foie (m)	[fwa]
carne (f) moída	farce (f)	[fars]
língua (f)	langue (f)	[lɑ̃g]

ovo (m)	œuf (m)	[œf]
ovos (m pl)	les œufs	[lezø]
clara (f) do ovo	blanc (m) d'œuf	[blɑ̃ dœf]
gema (f) do ovo	jaune (m) d'œuf	[ʒon dœf]

peixe (m)	poisson (m)	[pwasɔ̃]
mariscos (m pl)	fruits (m pl) de mer	[frɥi də mɛr]
crustáceos (m pl)	crustacés (m pl)	[krystase]
caviar (m)	caviar (m)	[kavjar]

caranguejo (m)	crabe (m)	[krab]
camarão (m)	crevette (f)	[krəvɛt]
ostra (f)	huître (f)	[ɥitr]
lagosta (f)	langoustine (f)	[lɑ̃gustin]
polvo (m)	poulpe (m)	[pulp]
lula (f)	calamar (m)	[kalamar]

esturjão (m)	esturgeon (m)	[ɛstyrʒɔ̃]
salmão (m)	saumon (m)	[somɔ̃]
halibute (m)	flétan (m)	[fletɑ̃]
bacalhau (m)	morue (f)	[mɔry]

cavala, sarda (f)	maquereau (m)	[makro]
atum (m)	thon (m)	[tõ]
enguia (f)	anguille (f)	[ãgij]
truta (f)	truite (f)	[tryit]
sardinha (f)	sardine (f)	[sardin]
lúcio (m)	brochet (m)	[brɔʃɛ]
arenque (m)	hareng (m)	[arã]
pão (m)	pain (m)	[pɛ̃]
queijo (m)	fromage (m)	[frɔmaʒ]
açúcar (m)	sucre (m)	[sykr]
sal (m)	sel (m)	[sɛl]
arroz (m)	riz (m)	[ri]
massas (f pl)	pâtes (m pl)	[pɑt]
talharim (m)	nouilles (f pl)	[nuj]
manteiga (f)	beurre (m)	[bœr]
óleo (m) vegetal	huile (f) végétale	[ɥil veʒetal]
óleo (m) de girassol	huile (f) de tournesol	[ɥil də turnəsɔl]
margarina (f)	margarine (f)	[margarin]
azeitonas (f pl)	olives (f pl)	[ɔliv]
azeite (m)	huile (f) d'olive	[ɥil dɔliv]
leite (m)	lait (m)	[lɛ]
leite (m) condensado	lait (m) condensé	[lɛ kõdãse]
iogurte (m)	yogourt (m)	[jaurt]
nata (f) azeda	crème (f) aigre	[krɛm ɛgr]
nata (f) do leite	crème (f)	[krɛm]
maionese (f)	sauce (f) mayonnaise	[sos majɔnɛz]
creme (m)	crème (f) au beurre	[krɛm o bœr]
grãos (m pl) de cereais	gruau (m)	[gryo]
farinha (f)	farine (f)	[farin]
enlatados (m pl)	conserves (f pl)	[kõsɛrv]
flocos (m pl) de milho	pétales (m pl) de maïs	[petal də mais]
mel (m)	miel (m)	[mjɛl]
doce (m)	confiture (f)	[kõfityr]
pastilha (f) elástica	gomme (f) à mâcher	[gɔm a mɑʃe]

36. Bebidas

água (f)	eau (f)	[o]
água (f) potável	eau (f) potable	[o pɔtabl]
água (f) mineral	eau (f) minérale	[o mineral]
sem gás	plate (adj)	[plat]
gaseificada	gazeuse (adj)	[gazøz]
com gás	pétillante (adj)	[petijãt]
gelo (m)	glace (f)	[glas]

com gelo	avec de la glace	[avɛk dəla glas]
sem álcool	sans alcool	[sɑ̃ zalkɔl]
bebida (f) sem álcool	boisson (f) non alcoolisée	[bwasɔ̃ nonalkɔlize]
refresco (m)	rafraîchissement (m)	[rafrɛʃismɑ̃]
limonada (f)	limonade (f)	[limɔnad]

bebidas (f pl) alcoólicas	boissons (f pl) alcoolisées	[bwasɔ̃ alkɔlize]
vinho (m)	vin (m)	[vɛ̃]
vinho (m) branco	vin (m) blanc	[vɛ̃ blɑ̃]
vinho (m) tinto	vin (m) rouge	[vɛ̃ ruʒ]

licor (m)	liqueur (f)	[likœr]
champanhe (m)	champagne (m)	[ʃɑ̃paɲ]
vermute (m)	vermouth (m)	[vɛrmut]

uísque (m)	whisky (m)	[wiski]
vodka (f)	vodka (f)	[vɔdka]
gim (m)	gin (m)	[dʒin]
conhaque (m)	cognac (m)	[kɔɲak]
rum (m)	rhum (m)	[rɔm]

café (m)	café (m)	[kafe]
café (m) puro	café (m) noir	[kafe nwar]
café (m) com leite	café (m) au lait	[kafe o lɛ]
cappuccino (m)	cappuccino (m)	[kaputʃino]
café (m) solúvel	café (m) soluble	[kafe sɔlybl]

leite (m)	lait (m)	[lɛ]
coquetel (m)	cocktail (m)	[kɔktɛl]
batido (m) de leite	cocktail (m) au lait	[kɔktɛl o lɛ]

sumo (m)	jus (m)	[ʒy]
sumo (m) de tomate	jus (m) de tomate	[ʒy də tɔmat]
sumo (m) de laranja	jus (m) d'orange	[ʒy dɔrɑ̃ʒ]
sumo (m) fresco	jus (m) pressé	[ʒy prese]

cerveja (f)	bière (f)	[bjɛr]
cerveja (f) clara	bière (f) blonde	[bjɛr blɔ̃d]
cerveja (f) preta	bière (f) brune	[bjɛr bryn]

chá (m)	thé (m)	[te]
chá (m) preto	thé (m) noir	[te nwar]
chá (m) verde	thé (m) vert	[te vɛr]

37. Vegetais

| legumes (m pl) | légumes (m pl) | [legym] |
| verduras (f pl) | verdure (f) | [vɛrdyr] |

tomate (m)	tomate (f)	[tɔmat]
pepino (m)	concombre (m)	[kɔ̃kɔ̃br]
cenoura (f)	carotte (f)	[karɔt]
batata (f)	pomme (f) de terre	[pɔm də tɛr]
cebola (f)	oignon (m)	[ɔɲɔ̃]

alho (m)	ail (n)	[aj]
couve (f)	chou (m)	[ʃu]
couve-flor (f)	chou-fleur (m)	[ʃuflœr]
couve-de-bruxelas (f)	chou (m) de Bruxelles	[ʃu də brysɛl]
brócolos (m pl)	brocoli (m)	[brɔkɔli]
beterraba (f)	betterave (f)	[bɛtrav]
beringela (f)	aubergine (f)	[obɛrʒin]
curgete (f)	courgette (f)	[kurʒɛt]
abóbora (f)	potiron (m)	[pɔtirõ]
nabo (m)	navet (m)	[navɛ]
salsa (f)	persil (m)	[pɛrsi]
funcho, endro (m)	fenouil (m)	[fənuj]
alface (f)	laitue (f), salade (f)	[lety], [salad]
aipo (m)	céleri (m)	[sɛlri]
espargo (m)	asperge (f)	[aspɛrʒ]
espinafre (m)	épinard (m)	[epinar]
ervilha (f)	pois (m)	[pwa]
fava (f)	fèves (f pl)	[fɛv]
milho (m)	maïs (m)	[mais]
feijão (m)	haricot (m)	[ariko]
pimentão (m)	poivron (m)	[pwavrõ]
rabanete (m)	radis (m)	[radi]
alcachofra (f)	artichaut (m)	[artiʃo]

38. Frutos. Nozes

fruta (f)	fruit (m)	[frɥi]
maçã (f)	pomme (f)	[pɔm]
pera (f)	poire (f)	[pwar]
limão (m)	citron (m)	[sitrõ]
laranja (f)	orange (f)	[ɔrãʒ]
morango (m)	fraise (f)	[frɛz]
tangerina (f)	mandarine (f)	[mãdarin]
ameixa (f)	prune (f)	[pryn]
pêssego (m)	pêche (f)	[pɛʃ]
damasco (m)	abricot (m)	[abriko]
framboesa (f)	framboise (f)	[frãbwaz]
ananás (m)	ananas (m)	[anana]
banana (f)	banane (f)	[banan]
melancia (f)	pastèque (f)	[pastɛk]
uva (f)	raisin (m)	[rɛzɛ̃]
ginja (f)	cerise (f)	[səriz]
cereja (f)	merise (f)	[məriz]
meloa (f)	melon (m)	[məlõ]
toranja (f)	pamplemousse (m)	[pãpləmus]
abacate (m)	avocat (m)	[avɔka]
papaia (f)	papaye (f)	[papaj]

manga (f)	mangue (f)	[mãg]
romã (f)	grenade (f)	[grənad]

groselha (f) vermelha	groseille (f) rouge	[grozɛj ruʒ]
groselha (f) preta	cassis (m)	[kasis]
groselha (f) espinhosa	groseille (f) verte	[grozɛj vɛrt]
mirtilo (m)	myrtille (f)	[mirtij]
amora silvestre (f)	mûre (f)	[myr]

uvas (f pl) passas	raisin (m) sec	[rɛzɛ̃ sɛk]
figo (m)	figue (f)	[fig]
tâmara (f)	datte (f)	[dat]

amendoim (m)	cacahuète (f)	[kakawɛt]
amêndoa (f)	amande (f)	[amɑ̃d]
noz (f)	noix (f)	[nwa]
avelã (f)	noisette (f)	[nwazɛt]
coco (m)	noix (f) de coco	[nwa də kɔkɔ]
pistáchios (m pl)	pistaches (f pl)	[pistaʃ]

39. Pão. Bolaria

pastelaria (f)	confiserie (f)	[kɔ̃fizri]
pão (m)	pain (m)	[pɛ̃]
bolacha (f)	biscuit (m)	[biskɥi]

chocolate (m)	chocolat (m)	[ʃɔkɔla]
de chocolate	en chocolat (adj)	[ɑ̃ ʃɔkɔla]
rebuçado (m)	bonbon (m)	[bɔ̃bɔ̃]
bolo (cupcake, etc.)	gâteau (m)	[gato]
bolo (m) de aniversário	tarte (f)	[tart]

tarte (~ de maçã)	gâteau (m)	[gato]
recheio (m)	garniture (f)	[garnityr]

doce (m)	confiture (f)	[kɔ̃fityr]
geleia (f) de frutas	marmelade (f)	[marməlad]
waffle (m)	gaufre (f)	[gofr]
gelado (m)	glace (f)	[glas]
pudim (m)	pudding (m)	[pudiŋ]

40. Pratos cozinhados

prato (m)	plat (m)	[pla]
cozinha (~ portuguesa)	cuisine (f)	[kɥizin]
receita (f)	recette (f)	[rəsɛt]
porção (f)	portion (f)	[pɔrsjɔ̃]

salada (f)	salade (f)	[salad]
sopa (f)	soupe (f)	[sup]
caldo (m)	bouillon (m)	[bujɔ̃]
sandes (f)	sandwich (m)	[sɑ̃dwitʃ]

ovos (m pl) estrelados	les œufs brouillés	[lezø bruje]
hambúrguer (m)	hamburger (m)	[ãbœrgœr]
bife (m)	steak (m)	[stɛk]

conduto (m)	garniture (f)	[garnityr]
espaguete (m)	spaghettis (m pl)	[spagɛti]
puré (m) de batata	purée (f)	[pyre]
pizza (f)	pizza (f)	[pidza]
papa (f)	bouillie (f)	[buji]
omelete (f)	omelette (f)	[ɔmlɛt]

cozido em água	cuit à l'eau (adj)	[kɥitalo]
fumado	fumé (adj)	[fyme]
frito	frit (adj)	[fri]
seco	sec (adj)	[sɛk]
congelado	congelé (adj)	[kõʒle]
em conserva	mariné (adj)	[marine]

doce (açucarado)	sucré (adj)	[sykre]
salgado	salé (adj)	[sale]
frio	froid (adj)	[frwa]
quente	chaud (adj)	[ʃo]
amargo	amer (adj)	[amɛr]
gostoso	bon (adj)	[bõ]

cozinhar (em água a ferver)	cuire à l'eau	[kɥir a lo]
fazer, preparar (vt)	préparer (vt)	[prepare]
fritar (vt)	faire frire	[fɛr frir]
aquecer (vt)	réchauffer (vt)	[reʃofe]

salgar (vt)	saler (vt)	[sale]
apimentar (vt)	poivrer (vt)	[pwavre]
ralar (vt)	râper (vt)	[rape]
casca (f)	peau (f)	[po]
descascar (vt)	éplucher (vt)	[eplyʃe]

41. Especiarias

sal (m)	sel (m)	[sɛl]
salgado	salé (adj)	[sale]
salgar (vt)	saler (vt)	[sale]

pimenta (f) preta	poivre (m) noir	[pwavr nwar]
pimenta (f) vermelha	poivre (m) rouge	[pwavr ruʒ]
mostarda (f)	moutarde (f)	[mutard]
raiz-forte (f)	raifort (m)	[rɛfor]

condimento (m)	condiment (m)	[kõdimã]
especiaria (f)	épice (f)	[epis]
molho (m)	sauce (f)	[sos]
vinagre (m)	vinaigre (m)	[vinɛgr]

anis (m)	anis (m)	[ani(s)]
manjericão (m)	basilic (m)	[bazilik]

cravo (m)	clou (m) de girofle	[klu də ʒirɔfl]
gengibre (m)	gingembre (m)	[ʒɛ̃ʒɑ̃br]
coentro (m)	coriandre (m)	[kɔrjɑ̃dr]
canela (f)	cannelle (f)	[kanɛl]
sésamo (m)	sésame (m)	[sezam]
folhas (f pl) de louro	feuille (f) de laurier	[fœj də lɔrje]
páprica (f)	paprika (m)	[paprika]
cominho (m)	cumin (m)	[kymɛ̃]
açafrão (m)	safran (m)	[safrɑ̃]

42. Refeições

comida (f)	nourriture (f)	[nurityr]
comer (vt)	manger (vi, vt)	[mɑ̃ʒe]
pequeno-almoço (m)	petit déjeuner (m)	[pəti deʒœne]
tomar o pequeno-almoço	prendre le petit déjeuner	[prɑ̃dr ləpti deʒœne]
almoço (m)	déjeuner (m)	[deʒœne]
almoçar (vi)	déjeuner (vi)	[deʒœne]
jantar (m)	dîner (m)	[dine]
jantar (vi)	dîner (vi)	[dine]
apetite (m)	appétit (m)	[apeti]
Bom apetite!	Bon appétit!	[bɔn apeti]
abrir (~ uma lata, etc.)	ouvrir (vt)	[uvrir]
derramar (vt)	renverser (vt)	[rɑ̃vɛrse]
derramar-se (vr)	se renverser (vp)	[sə rɑ̃vɛrse]
ferver (vi)	bouillir (vi)	[bujir]
ferver (vt)	faire bouillir	[fɛr bujir]
fervido	bouilli (adj)	[buji]
arrefecer (vt)	refroidir (vt)	[rəfrwadir]
arrefecer-se (vr)	se refroidir (vp)	[sə rəfrwadir]
sabor, gosto (m)	goût (m)	[gu]
gostinho (m)	arrière-goût (m)	[arjɛrgu]
fazer dieta	suivre un régime	[sɥivr œ̃ reʒim]
dieta (f)	régime (m)	[reʒim]
vitamina (f)	vitamine (f)	[vitamin]
caloria (f)	calorie (f)	[kalɔri]
vegetariano (m)	végétarien (m)	[veʒetarjɛ̃]
vegetariano	végétarien (adj)	[veʒetarjɛ̃]
gorduras (f pl)	lipides (m pl)	[lipid]
proteínas (f pl)	protéines (f pl)	[protein]
carboidratos (m pl)	glucides (m pl)	[glysid]
fatia (~ de limão, etc.)	tranche (f)	[trɑ̃ʃ]
pedaço (~ de bolo)	morceau (m)	[mɔrso]
migalha (f)	miette (f)	[mjɛt]

43. Por a mesa

colher (f)	cuillère (f)	[kɥijɛr]
faca (f)	couteau (m)	[kuto]
garfo (m)	fourchette (f)	[furʃɛt]
chávena (f)	tasse (f)	[tɑs]
prato (m)	assiette (f)	[asjɛt]
pires (m)	soucoupe (f)	[sukup]
guardanapo (m)	serviette (f)	[sɛrvjɛt]
palito (m)	cure-dent (m)	[kyrdɑ̃]

44. Restaurante

restaurante (m)	restaurant (m)	[rɛstɔrɑ̃]
café (m)	salon (m) de café	[salɔ̃ də kafe]
bar (m), cervejaria (f)	bar (m)	[bar]
salão (m) de chá	salon (m) de thé	[salɔ̃ də te]
empregado (m) de mesa	serveur (m)	[sɛrvœr]
empregada (f) de mesa	serveuse (f)	[sɛrvøz]
barman (m)	barman (m)	[barman]
ementa (f)	carte (f)	[kart]
lista (f) de vinhos	carte (f) des vins	[kart də vɛ̃]
reservar uma mesa	réserver une table	[rezɛrve yn tabl]
prato (m)	plat (m)	[pla]
pedir (vt)	commander (vt)	[kɔmɑ̃de]
fazer o pedido	faire la commande	[fɛr la kɔmɑ̃d]
aperitivo (m)	apéritif (m)	[aperitif]
entrada (f)	hors-d'œuvre (m)	[ɔrdœvr]
sobremesa (f)	dessert (m)	[desɛr]
conta (f)	addition (f)	[adisjɔ̃]
pagar a conta	régler l'addition	[regle ladisjɔ̃]
dar o troco	rendre la monnaie	[rɑ̃dr la mɔnɛ]
gorjeta (f)	pourboire (m)	[purbwar]

Família, parentes e amigos

45. Informação pessoal. Formulários

nome (m)	prénom (m)	[prenɔ̃]
apelido (m)	nom (m) de famille	[nɔ̃ də famij]
data (f) de nascimento	date (f) de naissance	[dat də nɛsɑ̃s]
local (m) de nascimento	lieu (m) de naissance	[ljø də nɛsɑ̃s]
nacionalidade (f)	nationalité (f)	[nasjɔnalite]
lugar (m) de residência	domicile (m)	[dɔmisil]
país (m)	pays (m)	[pei]
profissão (f)	profession (f)	[prɔfɛsjɔ̃]
sexo (m)	sexe (m)	[sɛks]
estatura (f)	taille (f)	[taj]
peso (m)	poids (m)	[pwa]

46. Membros da família. Parentes

mãe (f)	mère (f)	[mɛr]
pai (m)	père (m)	[pɛr]
filho (m)	fils (m)	[fis]
filha (f)	fille (f)	[fij]
filha (f) mais nova	fille (f) cadette	[fij kadɛt]
filho (m) mais novo	fils (m) cadet	[fis kadɛ]
filha (f) mais velha	fille (f) aînée	[fij ene]
filho (m) mais velho	fils (m) aîné	[fis ene]
irmão (m)	frère (m)	[frɛr]
irmã (f)	sœur (f)	[sœr]
primo (m)	cousin (m)	[kuzɛ̃]
prima (f)	cousine (f)	[kuzin]
mamã (f)	maman (f)	[mamɑ̃]
papá (m)	papa (m)	[papa]
pais (pl)	parents (pl)	[parɑ̃]
criança (f)	enfant (m, f)	[ɑ̃fɑ̃]
crianças (f pl)	enfants (pl)	[ɑ̃fɑ̃]
avó (f)	grand-mère (f)	[grɑ̃mɛr]
avô (m)	grand-père (m)	[grɑ̃pɛr]
neto (m)	petit-fils (m)	[pti fis]
neta (f)	petite-fille (f)	[ptit fij]
netos (pl)	petits-enfants (pl)	[pətizɑ̃fɑ̃]
tio (m)	oncle (m)	[ɔ̃kl]
tia (f)	tante (f)	[tɑ̃t]

sobrinho (m)	neveu (m)	[nəvø]
sobrinha (f)	nièce (f)	[njɛs]

sogra (f)	belle-mère (f)	[bɛlmɛr]
sogro (m)	beau-père (m)	[bopɛr]
genro (m)	gendre (m)	[ʒɑ̃dr]
madrasta (f)	belle-mère, marâtre (f)	[bɛlmɛr], [marɑtr]
padrasto (m)	beau-père (m)	[bopɛr]

criança (f) de colo	nourrisson (m)	[nurisɔ̃]
bebé (m)	bébé (m)	[bebe]
menino (m)	petit (m)	[pti]

mulher (f)	femme (f)	[fam]
marido (m)	mari (m)	[mari]
esposo (m)	époux (m)	[epu]
esposa (f)	épouse (f)	[epuz]

casado	marié (adj)	[marje]
casada	mariée (adj)	[marje]
solteiro	célibataire (adj)	[selibatɛr]
solteirão (m)	célibataire (m)	[selibatɛr]
divorciado	divorcé (adj)	[divɔrse]
viúva (f)	veuve (f)	[vœv]
viúvo (m)	veuf (m)	[vœf]

parente (m)	parent (m)	[parɑ̃]
parente (m) próximo	parent (m) proche	[parɑ̃ prɔʃ]
parente (m) distante	parent (m) éloigné	[parɑ̃ elwaɲe]
parentes (m pl)	parents (m pl)	[parɑ̃]

órfão (m)	orphelin (m)	[ɔrfəlɛ̃]
órfã (f)	orpheline (f)	[ɔrfəlin]
tutor (m)	tuteur (m)	[tytœr]
adotar (um filho)	adopter (vt)	[adɔpte]
adotar (uma filha)	adopter (vt)	[adɔpte]

Medicina

47. Doenças

doença (f)	maladie (f)	[maladi]
estar doente	être malade	[ɛtr malad]
saúde (f)	santé (f)	[sɑ̃te]
nariz (m) a escorrer	rhume (m)	[rym]
amigdalite (f)	angine (f)	[ɑ̃ʒin]
constipação (f)	refroidissement (m)	[rəfrwadismɑ̃]
constipar-se (vr)	prendre froid	[prɑ̃dr frwa]
bronquite (f)	bronchite (f)	[brɔ̃ʃit]
pneumonia (f)	pneumonie (f)	[pnømɔni]
gripe (f)	grippe (f)	[grip]
míope	myope (adj)	[mjɔp]
presbita	presbyte (adj)	[prɛsbit]
estrabismo (m)	strabisme (m)	[strabism]
estrábico	strabique (adj)	[strabik]
catarata (f)	cataracte (f)	[katarakt]
glaucoma (m)	glaucome (m)	[glokom]
AVC (m), apoplexia (f)	insulte (f)	[ɛ̃sylt]
ataque (m) cardíaco	crise (f) cardiaque	[kriz kardjak]
enfarte (m) do miocárdio	infarctus (m) de myocarde	[ɛ̃farktys də mjokard]
paralisia (f)	paralysie (f)	[paralizi]
paralisar (vt)	paralyser (vt)	[paralize]
alergia (f)	allergie (f)	[alɛrʒi]
asma (f)	asthme (m)	[asm]
diabetes (f)	diabète (m)	[djabɛt]
dor (f) de dentes	mal (m) de dents	[mal də dɑ̃]
cárie (f)	carie (f)	[kari]
diarreia (f)	diarrhée (f)	[djare]
prisão (f) de ventre	constipation (f)	[kɔ̃stipasjɔ̃]
desarranjo (m) intestinal	estomac (m) barbouillé	[ɛstɔma barbuje]
intoxicação (f) alimentar	intoxication (f) alimentaire	[ɛ̃tɔksikasjɔn alimɑ̃tɛr]
intoxicar-se	être intoxiqué	[ɛtr ɛ̃tɔksike]
artrite (f)	arthrite (f)	[artrit]
raquitismo (m)	rachitisme (m)	[raʃitism]
reumatismo (m)	rhumatisme (m)	[rymatism]
arteriosclerose (f)	athérosclérose (f)	[ateroskleroz]
gastrite (f)	gastrite (f)	[gastrit]
apendicite (f)	appendicite (f)	[apɛ̃disit]

colecistite (f)	cholécystite (f)	[kɔlesistit]
úlcera (f)	ulcère (m)	[ylsɛr]

sarampo (m)	rougeole (f)	[ruʒɔl]
rubéola (f)	rubéole (f)	[rybeɔl]
itericia (f)	jaunisse (f)	[ʒonis]
hepatite (f)	hépatite (f)	[epatit]

esquizofrenia (f)	schizophrénie (f)	[skizɔfreni]
raiva (f)	rage (f)	[raʒ]
neurose (f)	névrose (f)	[nevroz]
comoção (f) cerebral	commotion (f) cérébrale	[kɔmɔsjɔ̃ serebral]

cancro (m)	cancer (m)	[kɑ̃sɛr]
esclerose (f)	sclérose (f)	[skleroz]
esclerose (f) múltipla	sclérose (f) en plaques	[skleroz ɑ̃ plak]

alcoolismo (m)	alcoolisme (m)	[alkɔlism]
alcoólico (m)	alcoolique (m)	[alkɔlik]
sífilis (f)	syphilis (f)	[sifilis]
SIDA (f)	SIDA (m)	[sida]

tumor (m)	tumeur (f)	[tymœr]
maligno	maligne (adj)	[maliɲ]
benigno	bénigne (adj)	[beniɲ]

febre (f)	fièvre (f)	[fjɛvr]
malária (f)	malaria (f)	[malarja]
gangrena (f)	gangrène (f)	[gɑ̃grɛn]
enjoo (m)	mal (m) de mer	[mal də mɛr]
epilepsia (f)	épilepsie (f)	[epilɛpsi]

epidemia (f)	épidémie (f)	[epidemi]
tifo (m)	typhus (m)	[tifys]
tuberculose (f)	tuberculose (f)	[tybɛrkyloz]
cólera (f)	choléra (m)	[kɔlera]
peste (f)	peste (f)	[pɛst]

48. Sintomas. Tratamentos. Parte 1

sintoma (m)	symptôme (m)	[sɛ̃ptom]
temperatura (f)	température (f)	[tɑ̃peratyr]
febre (f)	fièvre (f)	[fjɛvr]
pulso (m)	pouls (m)	[pu]

vertigem (f)	vertige (m)	[vɛrtiʒ]
quente (testa, etc.)	chaud (adj)	[ʃo]
calafrio (m)	frisson (m)	[frisɔ̃]
pálido	pâle (adj)	[pɑl]

tosse (f)	toux (f)	[tu]
tossir (vi)	tousser (vi)	[tuse]
espirrar (vi)	éternuer (vi)	[etɛrnɥe]
desmaio (m)	évanouissement (m)	[evanwismɑ̃]

desmaiar (vi)	s'évanouir (vp)	[sevanwir]
nódoa (f) negra	bleu (m)	[blø]
galo (m)	bosse (f)	[bɔs]
magoar-se (vr)	se heurter (vp)	[sə œrte]
pisadura (f)	meurtrissure (f)	[mœrtrisyr]
aleijar-se (vr)	se faire mal	[sə fɛr mal]
coxear (vi)	boiter (vi)	[bwate]
deslocação (f)	foulure (f)	[fulyr]
deslocar (vt)	se démettre (vp)	[sə demɛtr]
fratura (f)	fracture (f)	[fraktyr]
fraturar (vt)	avoir une fracture	[avwar yn fraktyr]
corte (m)	coupure (f)	[kupyr]
cortar-se (vr)	se couper (vp)	[sə kupe]
hemorragia (f)	hémorragie (f)	[emɔraʒi]
queimadura (f)	brûlure (f)	[brylyr]
queimar-se (vr)	se brûler (vp)	[sə bryle]
picar (vt)	se piquer (vp)	[sə pike]
picar-se (vr)	se piquer (vp)	[sə pike]
lesionar (vt)	blesser (vt)	[blese]
lesão (m)	blessure (f)	[blesyr]
ferida (f), ferimento (m)	blessure (f)	[blesyr]
trauma (m)	trauma (m)	[trɔma]
delirar (vi)	délirer (vi)	[delire]
gaguejar (vi)	bégayer (vi)	[begeje]
insolação (f)	insolation (f)	[ɛ̃sɔlasjɔ̃]

49. Sintomas. Tratamentos. Parte 2

dor (f)	douleur (f)	[dulœr]
farpa (no dedo)	écharde (f)	[eʃard]
suor (m)	sueur (f)	[sɥœr]
suar (vi)	suer (vi)	[sɥe]
vómito (m)	vomissement (m)	[vɔmismã]
convulsões (f pl)	spasmes (m pl)	[spasm]
grávida	enceinte (adj)	[ãsɛ̃t]
nascer (vi)	naître (vi)	[nɛtr]
parto (m)	accouchement (m)	[akuʃmã]
dar à luz	accoucher (vt)	[akuʃe]
aborto (m)	avortement (m)	[avɔrtəmã]
respiração (f)	respiration (f)	[rɛspirasjɔ̃]
inspiração (f)	inhalation (f)	[inalasjɔ̃]
expiração (f)	expiration (f)	[ɛkspirasjɔ̃]
expirar (vi)	expirer (vi)	[ɛkspire]
inspirar (vi)	inspirer (vi)	[inale]
inválido (m)	invalide (m)	[ɛ̃valid]
aleijado (m)	handicapé (m)	[ãdikape]

toxicodependente (m)	drogué (m)	[drɔge]
surdo	sourd (adj)	[sur]
mudo	muet (adj)	[mɥɛ]
surdo-mudo	sourd-muet (adj)	[surmɥɛ]
louco (adj.)	fou (adj)	[fu]
louco (m)	fou (m)	[fu]
louca (f)	folle (f)	[fɔl]
ficar louco	devenir fou	[dəvnir fu]
gene (m)	gène (m)	[ʒɛn]
imunidade (f)	immunité (f)	[imynite]
hereditário	héréditaire (adj)	[erediter]
congénito	congénital (adj)	[kɔ̃ʒenital]
vírus (m)	virus (m)	[virys]
micróbio (m)	microbe (m)	[mikrɔb]
bactéria (f)	bactérie (f)	[bakteri]
infeção (f)	infection (f)	[ɛ̃fɛksjɔ̃]

50. Sintomas. Tratamentos. Parte 3

hospital (m)	hôpital (m)	[ɔpital]
paciente (m)	patient (m)	[pasjɑ̃]
diagnóstico (m)	diagnostic (m)	[djagnɔstik]
cura (f)	cure (f)	[kyr]
tratamento (m) médico	traitement (m)	[trɛtmɑ̃]
curar-se (vr)	se faire soigner	[sə fɛr swaɲe]
tratar (vt)	traiter (vt)	[trete]
cuidar (pessoa)	soigner (vt)	[swaɲe]
cuidados (m pl)	soins (m pl)	[swɛ̃]
operação (f)	opération (f)	[ɔperasjɔ̃]
enfaixar (vt)	panser (vt)	[pɑ̃se]
enfaixamento (m)	pansement (m)	[pɑ̃smɑ̃]
vacinação (f)	vaccination (f)	[vaksinasjɔ̃]
vacinar (vt)	vacciner (vt)	[vaksine]
injeção (f)	piqûre (f)	[pikyr]
dar uma injeção	faire une piqûre	[fɛr yn pikyr]
ataque (~ de asma, etc.)	crise, attaque (f)	[kriz], [atak]
amputação (f)	amputation (f)	[ɑ̃pytasjɔ̃]
amputar (vt)	amputer (vt)	[ɑ̃pyte]
coma (f)	coma (m)	[kɔma]
estar em coma	être dans le coma	[ɛtr dɑ̃ lə kɔma]
reanimação (f)	réanimation (f)	[reanimasjɔ̃]
recuperar-se (vr)	se rétablir (vp)	[sə retablir]
estado (~ de saúde)	état (m)	[eta]
consciência (f)	conscience (f)	[kɔ̃sjɑ̃s]
memória (f)	mémoire (f)	[memwar]
tirar (vt)	arracher (vt)	[araʃe]

chumbo (m), obturação (f)	plombage (m)	[plɔ̃baʒ]
chumbar, obturar (vt)	plomber (vt)	[plɔ̃be]
hipnose (f)	hypnose (f)	[ipnoz]
hipnotizar (vt)	hypnotiser (vt)	[ipnɔtize]

51. Médicos

médico (m)	médecin (m)	[medsɛ̃]
enfermeira (f)	infirmière (f)	[ɛ̃firmjɛr]
médico (m) pessoal	médecin (m) personnel	[medsɛ̃ pɛrsɔnɛl]
dentista (m)	dentiste (m)	[dɑ̃tist]
oculista (m)	ophtalmologiste (m)	[ɔftalmɔlɔʒist]
terapeuta (m)	généraliste (m)	[ʒeneralist]
cirurgião (m)	chirurgien (m)	[ʃiryrʒjɛ̃]
psiquiatra (m)	psychiatre (m)	[psikjatr]
pediatra (m)	pédiatre (m)	[pedjatr]
psicólogo (m)	psychologue (m)	[psikɔlɔg]
ginecologista (m)	gynécologue (m)	[ʒinekɔlɔg]
cardiologista (m)	cardiologue (m)	[kardjolɔg]

52. Medicina. Drogas. Acessórios

medicamento (m)	médicament (m)	[medikamɑ̃]
remédio (m)	remède (m)	[rəmɛd]
receitar (vt)	prescrire (vt)	[prɛskrir]
receita (f)	ordonnance (f)	[ɔrdɔnɑ̃s]
comprimido (m)	comprimé (m)	[kɔ̃prime]
pomada (f)	onguent (m)	[ɔ̃gɑ̃]
ampola (f)	ampoule (f)	[ɑ̃pul]
preparado (m)	mixture (f)	[mikstyr]
xarope (m)	sirop (m)	[siro]
cápsula (f)	pilule (f)	[pilyl]
remédio (m) em pó	poudre (f)	[pudr]
ligadura (f)	bande (f)	[bɑ̃d]
algodão (m)	coton (m)	[kɔtɔ̃]
iodo (m)	iode (m)	[jɔd]
penso (m) rápido	sparadrap (m)	[sparadra]
conta-gotas (m)	compte-gouttes (m)	[kɔ̃tgut]
termómetro (m)	thermomètre (m)	[tɛrmɔmɛtr]
seringa (f)	seringue (f)	[sərɛ̃g]
cadeira (f) de rodas	fauteuil (m) roulant	[fotœj rulɑ̃]
muletas (f pl)	béquilles (f pl)	[bekij]
analgésico (m)	anesthésique (m)	[anɛstezik]
laxante (m)	purgatif (m)	[pyrgatif]

álcool (m) etílico	**alcool** (m)	[alkɔl]
ervas (f pl) medicinais	**herbe** (f) **médicinale**	[ɛrb medisinal]
de ervas (chá ~)	**d'herbes** (adj)	[dɛrb]

HABITAT HUMANO

Cidade

53. Cidade. Vida na cidade

cidade (f)	ville (f)	[vil]
capital (f)	capitale (f)	[kapital]
aldeia (f)	village (m)	[vilaʒ]

mapa (m) da cidade	plan (m) de la ville	[plɑ̃ də la vil]
centro (m) da cidade	centre-ville (m)	[sɑ̃trəvil]
subúrbio (m)	banlieue (f)	[bɑ̃ljø]
suburbano	de banlieue (adj)	[də bɑ̃ljø]

periferia (f)	périphérie (f)	[periferi]
arredores (m pl)	alentours (m pl)	[alɑ̃tur]
quarteirão (m)	quartier (m)	[kartje]
quarteirão (m) residencial	quartier (m) résidentiel	[kartje rezidɑ̃sjɛl]

tráfego (m)	trafic (m)	[trafik]
semáforo (m)	feux (m pl) de circulation	[fø də sirkylasjɔ̃]
transporte (m) público	transport (m) urbain	[trɑ̃spɔr yrbɛ̃]
cruzamento (m)	carrefour (m)	[karfur]

passadeira (f)	passage (m) piéton	[pɑsaʒ pjetɔ̃]
passagem (f) subterrânea	passage (m) souterrain	[pɑsaʒ sutɛrɛ̃]
cruzar, atravessar (vt)	traverser (vt)	[travɛrse]
peão (m)	piéton (m)	[pjetɔ̃]
passeio (m)	trottoir (m)	[trɔtwar]

ponte (f)	pont (m)	[pɔ̃]
margem (f) do rio	quai (m)	[kɛ]
fonte (f)	fontaine (f)	[fɔ̃tɛn]

alameda (f)	allée (f)	[ale]
parque (m)	parc (m)	[park]
bulevar (m)	boulevard (m)	[bulvar]
praça (f)	place (f)	[plas]
avenida (f)	avenue (f)	[avny]
rua (f)	rue (f)	[ry]
travessa (f)	ruelle (f)	[rɥɛl]
beco (m) sem saída	impasse (f)	[ɛ̃pas]

casa (f)	maison (f)	[mɛzɔ̃]
edifício, prédio (m)	édifice (m)	[edifis]
arranha-céus (m)	gratte-ciel (m)	[gratsjɛl]
fachada (f)	façade (f)	[fasad]
telhado (m)	toit (m)	[twa]

janela (f)	fenêtre (f)	[fənɛtr]
arco (m)	arc (m)	[ark]
coluna (f)	colonne (f)	[kɔlɔn]
esquina (f)	coin (m)	[kwɛ̃]
montra (f)	vitrine (f)	[vitrin]
letreiro (m)	enseigne (f)	[ɑ̃sɛɲ]
cartaz (m)	affiche (f)	[afiʃ]
cartaz (m) publicitário	affiche (f) publicitaire	[afiʃ pyblisitɛr]
painel (m) publicitário	panneau-réclame (m)	[pano reklam]
lixo (m)	ordures (f pl)	[ɔrdyr]
cesta (f) do lixo	poubelle (f)	[pubɛl]
jogar lixo na rua	jeter ... à terre	[ʒəte ... a tɛr]
aterro (m) sanitário	décharge (f)	[deʃarʒ]
cabine (f) telefónica	cabine (f) téléphonique	[kabin telefɔnik]
candeeiro (m) de rua	réverbère (m)	[revɛrbɛr]
banco (m)	banc (m)	[bɑ̃]
polícia (m)	policier (m)	[pɔlisje]
polícia (instituição)	police (f)	[pɔlis]
mendigo (m)	clochard (m)	[klɔʃar]
sem-abrigo (m)	sans-abri (m)	[sɑ̃zabri]

54. Instituições urbanas

loja (f)	magasin (m)	[magazɛ̃]
farmácia (f)	pharmacie (f)	[farmasi]
ótica (f)	opticien (m)	[ɔptisjɛ̃]
centro (m) comercial	centre (m) commercial	[sɑ̃tr kɔmɛrsjal]
supermercado (m)	supermarché (m)	[sypɛrmarʃe]
padaria (f)	boulangerie (f)	[bulɑ̃ʒri]
padeiro (m)	boulanger (m)	[bulɑ̃ʒe]
pastelaria (f)	pâtisserie (f)	[pɑtisri]
mercearia (f)	épicerie (f)	[episri]
talho (m)	boucherie (f)	[buʃri]
loja (f) de legumes	magasin (m) de légumes	[magazɛ̃ də legym]
mercado (m)	marché (m)	[marʃe]
café (m)	salon (m) de café	[salɔ̃ də kafe]
restaurante (m)	restaurant (m)	[rɛstɔrɑ̃]
bar (m), cervejaria (f)	brasserie (f)	[brasri]
pizzaria (f)	pizzeria (f)	[pidzerja]
salão (m) de cabeleireiro	salon (m) de coiffure	[salɔ̃ də kwafyr]
correios (m pl)	poste (f)	[pɔst]
lavandaria (f)	pressing (m)	[presiŋ]
estúdio (m) fotográfico	atelier (m) de photo	[atəlje də fɔto]
sapataria (f)	magasin (m) de chaussures	[magazɛ̃ də ʃosyr]
livraria (f)	librairie (f)	[librɛri]

loja (f) de artigos de desporto	magasin (m) d'articles de sport	[magazɛ̃ dartikl də spɔr]
reparação (f) de roupa	atelier (m) de retouche	[atəlje də rətuʃ]
aluguer (m) de roupa	location (f) de vêtements	[lɔkasjɔ̃ də vɛtmɑ̃]
aluguer (m) de filmes	location (f) de films	[lɔkasjɔ̃ də film]
circo (m)	cirque (m)	[sirk]
jardim (m) zoológico	zoo (m)	[zoo]
cinema (m)	cinéma (m)	[sinema]
museu (m)	musée (m)	[myze]
biblioteca (f)	bibliothèque (f)	[biblijɔtɛk]
teatro (m)	théâtre (m)	[teɑtr]
ópera (f)	opéra (m)	[ɔpera]
clube (m) noturno	boîte (f) de nuit	[bwat də nɥi]
casino (m)	casino (m)	[kazino]
mesquita (f)	mosquée (f)	[mɔske]
sinagoga (f)	synagogue (f)	[sinagɔg]
catedral (f)	cathédrale (f)	[katedral]
templo (m)	temple (m)	[tɑ̃pl]
igreja (f)	église (f)	[egliz]
instituto (m)	institut (m)	[ɛ̃stity]
universidade (f)	université (f)	[ynivɛrsite]
escola (f)	école (f)	[ekɔl]
prefeitura (f)	préfecture (f)	[prefɛktyr]
câmara (f) municipal	mairie (f)	[meri]
hotel (m)	hôtel (m)	[otɛl]
banco (m)	banque (f)	[bɑ̃k]
embaixada (f)	ambassade (f)	[ɑ̃basad]
agência (f) de viagens	agence (f) de voyages	[aʒɑ̃s də vwajaʒ]
agência (f) de informações	bureau (m) d'information	[byro dɛ̃fɔrmasjɔ̃]
casa (f) de câmbio	bureau (m) de change	[byro də ʃɑ̃ʒ]
metro (m)	métro (m)	[metro]
hospital (m)	hôpital (m)	[ɔpital]
posto (m) de gasolina	station-service (f)	[stasjɔ̃sɛrvis]
parque (m) de estacionamento	parking (m)	[parkiŋ]

55. Sinais

letreiro (m)	enseigne (f)	[ɑ̃sɛɲ]
inscrição (f)	pancarte (f)	[pɑ̃kart]
cartaz, póster (m)	poster (m)	[pɔstɛr]
sinal (m) informativo	indicateur (m) de direction	[ɛ̃dikatœr də dirɛksjɔ̃]
seta (f)	flèche (f)	[flɛʃ]
aviso (advertência)	avertissement (m)	[avɛrtismɑ̃]
sinal (m) de aviso	panneau (m) d'avertissement	[pano davɛrtismɑ̃]

avisar, advertir (vt)	avertir (vt)	[avɛrtir]
dia (m) de folga	jour (m) de repos	[ʒur də rəpo]
horário (m)	horaire (m)	[ɔrɛr]
horário (m) de funcionamento	heures (f pl) d'ouverture	[zœr duvɛrtyr]
BEM-VINDOS!	BIENVENUE!	[bjɛ̃vny]
ENTRADA	ENTRÉE	[ãtre]
SAÍDA	SORTIE	[sɔrti]
EMPURRE	POUSSER	[puse]
PUXE	TIRER	[tire]
ABERTO	OUVERT	[uvɛr]
FECHADO	FERMÉ	[fɛrme]
MULHER	FEMMES	[fam]
HOMEM	HOMMES	[ɔm]
DESCONTOS	RABAIS	[sɔld]
SALDOS	SOLDES	[rabɛ]
NOVIDADE!	NOUVEAU!	[nuvo]
GRÁTIS	GRATUIT	[gratɥi]
ATENÇÃO!	ATTENTION!	[atãsjɔ̃]
NÃO HÁ VAGAS	COMPLET	[kɔ̃plɛ]
RESERVADO	RÉSERVÉ	[rezɛrve]
ADMINISTRAÇÃO	ADMINISTRATION	[administrasjɔ̃]
SOMENTE PESSOAL AUTORIZADO	RÉSERVÉ AU PERSONNEL	[rezɛrve o pɛrsɔnɛl]
CUIDADO CÃO FEROZ	ATTENTION CHIEN MÉCHANT	[atãsjɔ̃ ʃjɛ̃ meʃã]
PROIBIDO FUMAR!	DÉFENSE DE FUMER	[defãs də fyme]
NÃO TOCAR	PRIERE DE NE PAS TOUCHER	[prijɛr dənəpa tuʃe]
PERIGOSO	DANGEREUX	[dãʒrø]
PERIGO	DANGER	[dãʒe]
ALTA TENSÃO	HAUTE TENSION	[ot tãsjɔ̃]
PROIBIDO NADAR	BAIGNADE INTERDITE	[bɛɲad ɛ̃tɛrdit]
AVARIADO	HORS SERVICE	[ɔr sɛrvis]
INFLAMÁVEL	INFLAMMABLE	[ɛ̃flamabl]
PROIBIDO	INTERDIT	[ɛ̃tɛrdi]
ENTRADA PROIBIDA	PASSAGE INTERDIT	[pasaʒ ɛ̃tɛrdi]
CUIDADO TINTA FRESCA	PEINTURE FRAÎCHE	[pɛ̃tyr frɛʃ]

56. Transportes urbanos

autocarro (m)	autobus (m)	[otobys]
elétrico (m)	tramway (m)	[tramwɛ]
troleicarro (m)	trolleybus (m)	[trɔlɛbys]
itinerário (m)	itinéraire (m)	[itinerɛr]
número (m)	numéro (m)	[nymero]

ir de ... (carro, etc.)	prendre ...	[prɑ̃dr]
entrar (~ no autocarro)	monter (vi)	[mɔ̃te]
descer de ...	descendre de ...	[desɑ̃dr də]
paragem (f)	arrêt (m)	[arɛ]
próxima paragem (f)	arrêt (m) prochain	[arɛt prɔʃɛ̃]
ponto (m) final	terminus (m)	[tɛrminys]
horário (m)	horaire (m)	[ɔrɛr]
esperar (vt)	attendre (vt)	[atɑ̃dr]
bilhete (m)	ticket (m)	[tikɛ]
custo (m) do bilhete	prix (m) du ticket	[pri dy tikɛ]
bilheteiro (m)	caissier (m)	[kesje]
controlo (m) dos bilhetes	contrôle (m) des tickets	[kɔ̃trol de tikɛ]
revisor (m)	contrôleur (m)	[kɔ̃trolœr]
atrasar-se (vr)	être en retard	[ɛtr ɑ̃ rətar]
perder (o autocarro, etc.)	rater (vt)	[rate]
estar com pressa	se dépêcher	[sə depeʃe]
táxi (m)	taxi (m)	[taksi]
taxista (m)	chauffeur (m) de taxi	[ʃofœr də taksi]
de táxi (ir ~)	en taxi	[ɑ̃ taksi]
praça (f) de táxis	arrêt (m) de taxi	[arɛ də taksi]
chamar um táxi	appeler un taxi	[aple œ̃ taksi]
apanhar um táxi	prendre un taxi	[prɑ̃dr œ̃ taksi]
tráfego (m)	trafic (m)	[trafik]
engarrafamento (m)	embouteillage (m)	[ɑ̃butɛjaʒ]
horas (f pl) de ponta	heures (f pl) de pointe	[œr də pwɛ̃t]
estacionar (vi)	se garer (vp)	[sə gare]
estacionar (vt)	garer (vt)	[gare]
parque (m) de estacionamento	parking (m)	[parkiŋ]
metro (m)	métro (m)	[metro]
estação (f)	station (f)	[stasjɔ̃]
ir de metro	prendre le métro	[prɑ̃dr lə metro]
comboio (m)	train (m)	[trɛ̃]
estação (f)	gare (f)	[gar]

57. Turismo

monumento (m)	monument (m)	[mɔnymɑ̃]
fortaleza (f)	forteresse (f)	[fɔrtərɛs]
palácio (m)	palais (m)	[palɛ]
castelo (m)	château (m)	[ʃato]
torre (f)	tour (f)	[tur]
mausoléu (m)	mausolée (m)	[mozɔle]
arquitetura (f)	architecture (f)	[arʃitɛktyr]
medieval	médiéval (adj)	[medjeval]
antigo	ancien (adj)	[ɑ̃sjɛ̃]
nacional	national (adj)	[nasjɔnal]

conhecido	connu (adj)	[kɔny]
turista (m)	touriste (m)	[turist]
guia (pessoa)	guide (m)	[gid]
excursão (f)	excursion (f)	[ɛkskyrsjɔ̃]
mostrar (vt)	montrer (vt)	[mɔ̃tre]
contar (vt)	raconter (vt)	[rakɔ̃te]
encontrar (vt)	trouver (vt)	[truve]
perder-se (vr)	se perdre (vp)	[sə pɛrdr]
mapa (~ do metrô)	plan (m)	[plɑ̃]
mapa (~ da cidade)	carte (f)	[kart]
lembrança (f), presente (m)	souvenir (m)	[suvnir]
loja (f) de presentes	boutique (f) de souvenirs	[butik də suvnir]
fotografar (vt)	prendre en photo	[prɑ̃dr ɑ̃ fɔto]
fotografar-se	se faire prendre en photo	[sə fɛr prɑ̃dr ɑ̃ fɔto]

58. Compras

comprar (vt)	acheter (vt)	[aʃte]
compra (f)	achat (m)	[aʃa]
fazer compras	faire des achats	[fɛr dezaʃa]
compras (f pl)	shopping (m)	[ʃɔpiŋ]
estar aberta (loja, etc.)	être ouvert	[ɛtr uvɛr]
estar fechada	être fermé	[ɛtr fɛrme]
calçado (m)	chaussures (f pl)	[ʃosyr]
roupa (f)	vêtement (m)	[vɛtmɑ̃]
cosméticos (m pl)	produits (m pl) de beauté	[prɔdyi də bote]
alimentos (m pl)	produits (m pl) alimentaires	[prɔdyi alimɑ̃tɛr]
presente (m)	cadeau (m)	[kado]
vendedor (m)	vendeur (m)	[vɑ̃dœr]
vendedora (f)	vendeuse (f)	[vɑ̃døz]
caixa (f)	caisse (f)	[kɛs]
espelho (m)	miroir (m)	[mirwar]
balcão (m)	comptoir (m)	[kɔ̃twar]
cabine (f) de provas	cabine (f) d'essayage	[kabin desɛjaʒ]
provar (vt)	essayer (vt)	[eseje]
servir (vi)	aller bien	[ale bjɛ̃]
gostar (apreciar)	plaire à ...	[plɛr a]
preço (m)	prix (m)	[pri]
etiqueta (f) de preço	étiquette (f) de prix	[etikɛt də pri]
custar (vt)	coûter (vi, vt)	[kute]
Quanto?	Combien?	[kɔ̃bjɛ̃]
desconto (m)	rabais (m)	[rabɛ]
não caro	pas cher (adj)	[pɑ ʃɛr]
barato	bon marché (adj)	[bɔ̃ marʃe]
caro	cher (adj)	[ʃɛr]

É caro	C'est cher	[sɛ ʃɛr]
aluguer (m)	location (f)	[lɔkasjɔ̃]
alugar (vestidos, etc.)	louer (vt)	[lwe]
crédito (m)	crédit (m)	[kredi]
a crédito	à crédit (adv)	[akredi]

59. Dinheiro

dinheiro (m)	argent (m)	[arʒɑ̃]
câmbio (m)	échange (m)	[eʃɑ̃ʒ]
taxa (f) de câmbio	cours (m) de change	[kur də ʃɑ̃ʒ]
Caixa Multibanco (m)	distributeur (m)	[distribytœr]
moeda (f)	monnaie (f)	[mɔnɛ]

| dólar (m) | dollar (m) | [dɔlar] |
| euro (m) | euro (m) | [øro] |

lira (f)	lire (f)	[lir]
marco (m)	mark (m) allemand	[mark almɑ̃]
franco (m)	franc (m)	[frɑ̃]
libra (f) esterlina	livre sterling (f)	[livr stɛrliŋ]
iene (m)	yen (m)	[jɛn]

dívida (f)	dette (f)	[dɛt]
devedor (m)	débiteur (m)	[debitœr]
emprestar (vt)	prêter (vt)	[prete]
pedir emprestado	emprunter (vt)	[ɑ̃prœ̃te]

banco (m)	banque (f)	[bɑ̃k]
conta (f)	compte (m)	[kɔ̃t]
depositar (vt)	verser (vt)	[vɛrse]
depositar na conta	verser dans le compte	[vɛrse dɑ̃ lə kɔ̃t]
levantar (vt)	retirer du compte	[rətire dy kɔ̃t]

cartão (m) de crédito	carte (f) de crédit	[kart də kredi]
dinheiro (m) vivo	espèces (f pl)	[ɛspɛs]
cheque (m)	chèque (m)	[ʃɛk]
passar um cheque	faire un chèque	[fɛr œ̃ ʃɛk]
livro (m) de cheques	chéquier (m)	[ʃekje]

carteira (f)	portefeuille (m)	[pɔrtəfœj]
porta-moedas (m)	bourse (f)	[burs]
cofre (m)	coffre fort (m)	[kɔfr fɔr]

herdeiro (m)	héritier (m)	[eritje]
herança (f)	héritage (m)	[eritaʒ]
fortuna (riqueza)	fortune (f)	[fɔrtyn]

arrendamento (m)	location (f)	[lɔkasjɔ̃]
renda (f) de casa	loyer (m)	[lwaje]
alugar (vt)	louer (vt)	[lwe]

| preço (m) | prix (m) | [pri] |
| custo (m) | coût (m) | [ku] |

soma (f)	somme (f)	[sɔm]
gastar (vt)	dépenser (vt)	[depɑ̃se]
gastos (m pl)	dépenses (f pl)	[depɑ̃s]
economizar (vi)	économiser (vt)	[ekɔnɔmize]
económico	économe (adj)	[ekɔnɔm]
pagar (vt)	payer (vi, vt)	[peje]
pagamento (m)	paiement (m)	[pɛmɑ̃]
troco (m)	monnaie (f)	[mɔnɛ]
imposto (m)	impôt (m)	[ɛ̃po]
multa (f)	amende (f)	[amɑ̃d]
multar (vt)	mettre une amende	[mɛtr ynamɑ̃d]

60. Correios. Serviço postal

correios (m pl)	poste (f)	[pɔst]
correio (m)	courrier (m)	[kurje]
carteiro (m)	facteur (m)	[faktœr]
horário (m)	heures (f pl) d'ouverture	[zœr duvɛrtyr]
carta (f)	lettre (f)	[lɛtr]
carta (f) registada	recommandé (m)	[rəkɔmɑ̃de]
postal (m)	carte (f) postale	[kart pɔstal]
telegrama (m)	télégramme (m)	[telegram]
encomenda (f) postal	colis (m)	[kɔli]
remessa (f) de dinheiro	mandat (m) postal	[mɑ̃da pɔstal]
receber (vt)	recevoir (vt)	[rəsəvwar]
enviar (vt)	envoyer (vt)	[ɑ̃vwaje]
envio (m)	envoi (m)	[ɑ̃vwa]
endereço (m)	adresse (f)	[adrɛs]
código (m) postal	code (m) postal	[kɔd pɔstal]
remetente (m)	expéditeur (m)	[ɛkspeditœr]
destinatário (m)	destinataire (m)	[dɛstinatɛr]
nome (m)	prénom (m)	[prenɔ̃]
apelido (m)	nom (m) de famille	[nɔ̃ də famij]
tarifa (f)	tarif (m)	[tarif]
ordinário	normal (adj)	[nɔrmal]
económico	économique (adj)	[ekɔnɔmik]
peso (m)	poids (m)	[pwa]
pesar (estabelecer o peso)	peser (vt)	[pəze]
envelope (m)	enveloppe (f)	[ɑ̃vlɔp]
selo (m)	timbre (m)	[tɛ̃br]
colar o selo	timbrer (vt)	[tɛ̃bre]

Moradia. Casa. Lar

61. Casa. Eletricidade

eletricidade (f)	électricité (f)	[elɛktrisite]
lâmpada (f)	ampoule (f)	[ɑ̃pul]
interruptor (m)	interrupteur (m)	[ɛ̃teryptœr]
fusível (m)	plomb, fusible (m)	[plɔ̃], [fyzibl]
fio, cabo (m)	fil (m)	[fil]
instalação (f) elétrica	installation (f) électrique	[ɛ̃stalasjɔ̃ elɛktrik]
contador (m) de eletricidade	compteur (m) électrique	[kɔ̃tœr elɛktrik]
indicação (f), registo (m)	relevé (m)	[rəlve]

62. Moradia. Mansão

casa (f) de campo	maison (f) de campagne	[mɛzɔ̃ də kɑ̃paɲ]
vila (f)	villa (f)	[vila]
ala (~ do edifício)	aile (f)	[ɛl]
jardim (m)	jardin (m)	[ʒardɛ̃]
parque (m)	parc (m)	[park]
estufa (f)	serre (f) tropicale	[sɛr trɔpikal]
cuidar de ...	s'occuper de ...	[sɔkype də]
piscina (f)	piscine (f)	[pisin]
ginásio (m)	salle (f) de gym	[sal də ʒim]
campo (m) de ténis	court (m) de tennis	[kur də tenis]
cinema (m)	salle (f) de cinéma	[sal də sinema]
garagem (f)	garage (m)	[garaʒ]
propriedade (f) privada	propriété (f) privée	[prɔprijete prive]
terreno (m) privado	terrain (m) privé	[tɛrɛ̃ prive]
advertência (f)	avertissement (m)	[avɛrtismɑ̃]
sinal (m) de aviso	panneau (m) d'avertissement	[pano davɛrtismɑ̃]
guarda (f)	sécurité (f)	[sekyrite]
guarda (m)	agent (m) de sécurité	[aʒɑ̃ də sekyrite]
alarme (m)	alarme (f) antivol	[alarm ɑ̃tivɔl]

63. Apartamento

apartamento (m)	appartement (m)	[apartəmɑ̃]
quarto (m)	chambre (f)	[ʃɑ̃br]

quarto (m) de dormir	chambre (f) à coucher	[ʃɑ̃br a kuʃe]
sala (f) de jantar	salle (f) à manger	[sal a mɑ̃ʒe]
sala (f) de estar	salon (m)	[salɔ̃]
escritório (m)	bureau (m)	[byro]
antessala (f)	antichambre (f)	[ɑ̃tiʃɑ̃br]
quarto (m) de banho	salle (f) de bains	[sal də bɛ̃]
toilette (lavabo)	toilettes (f pl)	[twalɛt]
teto (m)	plafond (m)	[plafɔ̃]
chão, soalho (m)	plancher (m)	[plɑ̃ʃe]
canto (m)	coin (m)	[kwɛ̃]

64. Mobiliário. Interior

mobiliário (m)	meubles (m pl)	[mœbl]
mesa (f)	table (f)	[tabl]
cadeira (f)	chaise (f)	[ʃɛz]
cama (f)	lit (m)	[li]
divã (m)	canapé (m)	[kanape]
cadeirão (m)	fauteuil (m)	[fotœj]
estante (f)	bibliothèque (f)	[biblijɔtɛk]
prateleira (f)	rayon (m)	[rɛjɔ̃]
guarda-vestidos (m)	armoire (f)	[armwar]
cabide (m) de parede	patère (f)	[patɛr]
cabide (m) de pé	portemanteau (m)	[pɔrtmɑ̃to]
cómoda (f)	commode (f)	[kɔmɔd]
mesinha (f) de centro	table (f) basse	[tabl bas]
espelho (m)	miroir (m)	[mirwar]
tapete (m)	tapis (m)	[tapi]
tapete (m) pequeno	petit tapis (m)	[pəti tapi]
lareira (f)	cheminée (f)	[ʃəmine]
vela (f)	bougie (f)	[buʒi]
castiçal (m)	chandelier (m)	[ʃɑ̃dəlje]
cortinas (f pl)	rideaux (m pl)	[rido]
papel (m) de parede	papier (m) peint	[papje pɛ̃]
estores (f pl)	jalousie (f)	[ʒaluzi]
candeeiro (m) de mesa	lampe (f) de table	[lɑ̃p də tabl]
candeeiro (m) de parede	applique (f)	[aplik]
candeeiro (m) de pé	lampadaire (m)	[lɑ̃padɛr]
lustre (m)	lustre (m)	[lystr]
pé (de mesa, etc.)	pied (m)	[pje]
braço (m)	accoudoir (m)	[akudwar]
costas (f pl)	dossier (m)	[dosje]
gaveta (f)	tiroir (m)	[tirwar]

65. Quarto de dormir

roupa (f) de cama	linge (m) de lit	[lɛ̃ʒ də li]
almofada (f)	oreiller (m)	[ɔrɛje]
fronha (f)	taie (f) d'oreiller	[tɛ dɔrɛje]
cobertor (m)	couverture (f)	[kuvɛrtyr]
lençol (m)	drap (m)	[dra]
colcha (f)	couvre-lit (m)	[kuvrəli]

66. Cozinha

cozinha (f)	cuisine (f)	[kɥizin]
gás (m)	gaz (m)	[gaz]
fogão (m) a gás	cuisinière (f) à gaz	[kɥizinjɛr a gaz]
fogão (m) elétrico	cuisinière (f) électrique	[kɥizinjɛr elɛktrik]
forno (m)	four (m)	[fur]
forno (m) de micro-ondas	four (m) micro-ondes	[fur mikrɔɔ̃d]
frigorífico (m)	réfrigérateur (m)	[refriʒeratœr]
congelador (m)	congélateur (m)	[kɔ̃ʒelatœr]
máquina (f) de lavar louça	lave-vaisselle (m)	[lavvesɛl]
moedor (m) de carne	hachoir (m)	[aʃwar]
espremedor (m)	centrifugeuse (f)	[sɑ̃trifyʒøz]
torradeira (f)	grille-pain (m)	[grijpɛ̃]
batedeira (f)	batteur (m)	[batœr]
máquina (f) de café	machine (f) à café	[maʃin a kafe]
cafeteira (f)	cafetière (f)	[kaftjɛr]
moinho (m) de café	moulin (m) à café	[mulɛ̃ a kafe]
chaleira (f)	bouilloire (f)	[bujwar]
bule (m)	théière (f)	[tejɛr]
tampa (f)	couvercle (m)	[kuvɛrkl]
coador (m) de chá	passoire (f) à thé	[paswar a te]
colher (f)	cuillère (f)	[kɥijɛr]
colher (f) de chá	petite cuillère (f)	[pətit kɥijɛr]
colher (f) de sopa	cuillère (f) à soupe	[kɥijɛr a sup]
garfo (m)	fourchette (f)	[furʃɛt]
faca (f)	couteau (m)	[kuto]
louça (f)	vaisselle (f)	[vɛsɛl]
prato (m)	assiette (f)	[asjɛt]
pires (m)	soucoupe (f)	[sukup]
cálice (m)	verre (m) à shot	[vɛr a ʃot]
copo (m)	verre (m)	[vɛr]
chávena (f)	tasse (f)	[tas]
açucareiro (m)	sucrier (m)	[sykrije]
saleiro (m)	salière (f)	[saljɛr]
pimenteiro (m)	poivrière (f)	[pwavrijɛr]

manteigueira (f)	beurrier (m)	[bœrje]
panela, caçarola (f)	casserole (f)	[kasrɔl]
frigideira (f)	poêle (f)	[pwal]
concha (f)	louche (f)	[luʃ]
passador (m)	passoire (f)	[paswar]
bandeja (f)	plateau (m)	[plato]
garrafa (f)	bouteille (f)	[butɛj]
boião (m) de vidro	bocal (m)	[bɔkal]
lata (f)	boîte (f) en fer-blanc	[bwat ã fɛrblã]
abre-garrafas (m)	ouvre-bouteille (m)	[uvrəbutɛj]
abre-latas (m)	ouvre-boîte (m)	[uvrəbwat]
saca-rolhas (m)	tire-bouchon (m)	[tirbuʃɔ̃]
filtro (m)	filtre (m)	[filtr]
filtrar (vt)	filtrer (vt)	[filtre]
lixo (m)	ordures (f pl)	[ɔrdyr]
balde (m) do lixo	poubelle (f)	[pubɛl]

67. Casa de banho

quarto (m) de banho	salle (f) de bains	[sal də bɛ̃]
água (f)	eau (f)	[o]
torneira (f)	robinet (m)	[rɔbinɛ]
água (f) quente	eau (f) chaude	[o ʃod]
água (f) fria	eau (f) froide	[o frwad]
pasta (f) de dentes	dentifrice (m)	[dɑ̃tifris]
escovar os dentes	se brosser les dents	[sə brɔse le dã]
escova (f) de dentes	brosse (f) à dents	[brɔs a dã]
barbear-se (vr)	se raser (vp)	[sə raze]
espuma (f) de barbear	mousse (f) à raser	[mus a raze]
máquina (f) de barbear	rasoir (m)	[razwar]
lavar (vt)	laver (vt)	[lave]
lavar-se (vr)	se laver (vp)	[sə lave]
duche (m)	douche (f)	[duʃ]
tomar um duche	prendre une douche	[prɑ̃dr yn duʃ]
banheira (f)	baignoire (f)	[bɛɲwar]
sanita (f)	cuvette (f)	[kyvɛt]
lavatório (m)	lavabo (m)	[lavabo]
sabonete (m)	savon (m)	[savɔ̃]
saboneteira (f)	porte-savon (m)	[pɔrtsavɔ̃]
esponja (f)	éponge (f)	[epɔ̃ʒ]
champô (m)	shampooing (m)	[ʃɑ̃pwɛ̃]
toalha (f)	serviette (f)	[sɛrvjɛt]
roupão (m) de banho	peignoir (m) de bain	[pɛɲwar də bɛ̃]
lavagem (f)	lessive (f)	[lɛsiv]
máquina (f) de lavar	machine (f) à laver	[maʃin a lave]

| lavar a roupa | faire la lessive | [fɛr la lɛsiv] |
| detergente (m) | lessive (f) | [lɛsiv] |

68. Eletrodomésticos

televisor (m)	télé (f)	[tele]
gravador (m)	magnétophone (m)	[maɲetɔfɔn]
videogravador (m)	magnétoscope (m)	[maɲetɔskɔp]
rádio (m)	radio (f)	[radjo]
leitor (m)	lecteur (m)	[lɛktœr]

projetor (m)	vidéoprojecteur (m)	[videoprɔʒɛktœr]
cinema (m) em casa	home cinéma (m)	[həʊm sinema]
leitor (m) de DVD	lecteur DVD (m)	[lɛktœr devede]
amplificador (m)	amplificateur (m)	[ãplifikatœr]
console (f) de jogos	console (f) de jeux	[kɔ̃sɔl də ʒø]

câmara (f) de vídeo	caméscope (m)	[kameskɔp]
máquina (f) fotográfica	appareil (m) photo	[aparɛj fɔto]
câmara (f) digital	appareil (m) photo numérique	[aparɛj fɔto nymerik]

aspirador (m)	aspirateur (m)	[aspiratœr]
ferro (m) de engomar	fer (m) à repasser	[fɛr a rəpase]
tábua (f) de engomar	planche (f) à repasser	[plɑ̃ʃ a rəpase]

telefone (m)	téléphone (m)	[telefɔn]
telemóvel (m)	portable (m)	[pɔrtabl]
máquina (f) de escrever	machine (f) à écrire	[maʃin a ekrir]
máquina (f) de costura	machine (f) à coudre	[maʃin a kudr]

microfone (m)	micro (m)	[mikro]
auscultadores (m pl)	écouteurs (m pl)	[ekutœr]
controlo remoto (m)	télécommande (f)	[telekɔmɑ̃d]

CD (m)	CD (m)	[sede]
cassete (f)	cassette (f)	[kasɛt]
disco (m) de vinil	disque (m) vinyle	[disk vinil]

ATIVIDADES HUMANAS

Emprego. Negócios. Parte 1

69. Escritório. O trabalho no escritório

escritório (~ de advogados)	bureau (m)	[byro]
escritório (do diretor, etc.)	bureau (m)	[byro]
receção (f)	accueil (m)	[akœj]
secretário (m)	secrétaire (m)	[səkretɛr]
secretária (f)	secrétaire (f)	[səkretɛr]
diretor (m)	directeur (m)	[dirɛktœr]
gerente (m)	manager (m)	[manadʒœr]
contabilista (m)	comptable (m)	[kɔ̃tabl]
empregado (m)	collaborateur (m)	[kɔlaboratœr]
mobiliário (m)	meubles (m pl)	[mœbl]
mesa (f)	bureau (m)	[byro]
cadeira (f)	fauteuil (m)	[fotœj]
bloco (m) de gavetas	classeur (m) à tiroirs	[klasœr a tirwar]
cabide (m) de pé	portemanteau (m)	[pɔrtmãto]
computador (m)	ordinateur (m)	[ɔrdinatœr]
impressora (f)	imprimante (f)	[ɛ̃primãt]
fax (m)	fax (m)	[faks]
fotocopiadora (f)	copieuse (f)	[kɔpjøz]
papel (m)	papier (m)	[papje]
artigos (m pl) de escritório	papeterie (f)	[papɛtri]
tapete (m) de rato	tapis (m) de souris	[tapi də suri]
folha (f) de papel	feuille (f)	[fœj]
pasta (f)	classeur (m)	[klasœr]
catálogo (m)	catalogue (m)	[katalɔg]
diretório (f) telefónico	annuaire (m)	[anɥɛr]
documentação (f)	documents (m pl)	[dɔkymã]
brochura (f)	brochure (f)	[brɔʃyr]
flyer (m)	prospectus (m)	[prɔspɛktys]
amostra (f)	échantillon (m)	[eʃãtijɔ̃]
formação (f)	formation (f)	[fɔrmasjɔ̃]
reunião (f)	réunion (f)	[reynjɔ̃]
hora (f) de almoço	pause (f) déjeuner	[poz deʒœne]
fazer uma cópia	faire une copie	[fɛr yn kɔpi]
tirar cópias	faire des copies	[fɛr de kɔpi]
receber um fax	recevoir un fax	[rəsəvwar œ̃ faks]
enviar um fax	envoyer un fax	[ãvwaje œ̃ faks]

fazer uma chamada	téléphoner, appeler	[telefɔne], [aple]
responder (vt)	répondre (vi, vt)	[repɔ̃dr]
passar (vt)	passer (vt)	[pɑse]

marcar (vt)	fixer (vt)	[fikse]
demonstrar (vt)	montrer (vt)	[mɔ̃tre]
estar ausente	être absent	[ɛtr apsɑ̃]
ausência (f)	absence (f)	[apsɑ̃s]

70. Processos negociais. Parte 1

| negócio (m) | affaire (f) | [afɛr] |
| ocupação (f) | métier (m) | [metje] |

firma, empresa (f)	firme (f), société (f)	[firm], [sɔsjete]
companhia (f)	compagnie (f)	[kɔ̃paɲi]
corporação (f)	corporation (f)	[kɔrpɔrasjɔ̃]
empresa (f)	entreprise (f)	[ɑ̃trœpriz]
agência (f)	agence (f)	[aʒɑ̃s]

acordo (documento)	accord (m)	[akɔr]
contrato (m)	contrat (m)	[kɔ̃tra]
acordo (transação)	marché (m)	[marʃe]
encomenda (f)	commande (f)	[kɔmɑ̃d]
cláusulas (f pl), termos (m pl)	terme (m)	[tɛrm]

por grosso (adv)	en gros (adv)	[ɑ̃ gro]
por grosso (adj)	en gros (adj)	[ɑ̃ gro]
venda (f) por grosso	vente (f) en gros	[vɑ̃t ɑ̃ gro]
a retalho	au détail (adj)	[odetaj]
venda (f) a retalho	vente (f) au détail	[vɑ̃t o detaj]

concorrente (m)	concurrent (m)	[kɔ̃kyrɑ̃]
concorrência (f)	concurrence (f)	[kɔ̃kyrɑ̃s]
competir (vi)	concurrencer (vt)	[kɔ̃kyrɑ̃se]

| sócio (m) | associé (m) | [asɔsje] |
| parceria (f) | partenariat (m) | [partənarja] |

crise (f)	crise (f)	[kriz]
bancarrota (f)	faillite (f)	[fajit]
entrar em falência	faire faillite	[fɛr fajit]
dificuldade (f)	difficulté (f)	[difikylte]
problema (m)	problème (m)	[prɔblɛm]
catástrofe (f)	catastrophe (f)	[katastrɔf]

economia (f)	économie (f)	[ekɔnɔmi]
económico	économique (adj)	[ekɔnɔmik]
recessão (f) económica	baisse (f) économique	[bɛs ekɔnɔmik]

objetivo (m)	but (m)	[byt]
tarefa (f)	objectif (m)	[ɔbʒɛktif]
comerciar (vi, vt)	faire du commerce	[fɛr dy kɔmɛrs]
rede (de distribuição)	réseau (m)	[rezo]

estoque (m)	inventaire (m)	[ɛ̃vɑ̃tɛr]
sortimento (m)	assortiment (m)	[asɔrtimɑ̃]

líder (m)	leader (m)	[lidœr]
grande (~ empresa)	grand, grande (adj)	[grɑ̃, grɑ̃d]
monopólio (m)	monopole (m)	[mɔnɔpɔl]

teoria (f)	théorie (f)	[teɔri]
prática (f)	pratique (f)	[pratik]
experiência (falar por ~)	expérience (f)	[ɛksperjɑ̃s]
tendência (f)	tendance (f)	[tɑ̃dɑ̃s]
desenvolvimento (m)	développement (m)	[devlɔpmɑ̃]

71. Processos negociais. Parte 2

rentabilidade (f)	rentabilité (m)	[rɑ̃tabilite]
rentável	rentable (adj)	[rɑ̃tabl]

delegação (f)	délegation (f)	[delegasjɔ̃]
salário, ordenado (m)	salaire (m)	[salɛr]
corrigir (um erro)	corriger (vt)	[kɔriʒe]
viagem (f) de negócios	voyage (m) d'affaires	[vwajaʒ dafɛr]
comissão (f)	commission (f)	[kɔmisjɔ̃]

controlar (vt)	contrôler (vt)	[kɔ̃trole]
conferência (f)	conférence (f)	[kɔ̃ferɑ̃s]
licença (f)	licence (f)	[lisɑ̃s]
confiável	fiable (adj)	[fjabl]

empreendimento (m)	initative (f)	[inisjativ]
norma (f)	norme (f)	[nɔrm]
circunstância (f)	circonstance (f)	[sirkɔ̃stɑ̃s]
dever (m)	fonction (f)	[fɔ̃ksjɔ̃]

empresa (f)	entreprise (f)	[ɑ̃trœpriz]
organização (f)	organisation (f)	[ɔrganizasjɔ̃]
organizado	organisé (adj)	[ɔrganize]
anulação (f)	annulation (f)	[anylasjɔ̃]
anular, cancelar (vt)	annuler (vt)	[anyle]
relatório (m)	rapport (m)	[rapɔr]

patente (f)	brevet (m)	[brəvɛ]
patentear (vt)	breveter (vt)	[brəvte]
planear (vt)	planifier (vt)	[planifje]

prémio (m)	prime (f)	[prim]
profissional	professionnel (adj)	[prɔfɛsjɔnɛl]
procedimento (m)	procédure (f)	[prɔsedyr]

examinar (a questão)	examiner (vt)	[ɛgzamine]
cálculo (m)	calcul (m)	[kalkyl]
reputação (f)	réputation (f)	[repytasjɔ̃]
risco (m)	risque (m)	[risk]
dirigir (~ uma empresa)	diriger (vt)	[diriʒe]

Português	Francês	Pronúncia
informação (f)	renseignements (m pl)	[rɑ̃sɛɲəmɑ̃]
propriedade (f)	propriété (f)	[prɔprijete]
união (f)	union (f)	[ynjɔ̃]

seguro (m) de vida	assurance vie (f)	[asyrɑ̃s vi]
fazer um seguro	assurer (vt)	[asyre]
seguro (m)	assurance (f)	[asyrɑ̃s]

leilão (m)	enchères (f pl)	[ɑ̃ʃɛr]
notificar (vt)	notifier (vt)	[nɔtifje]
gestão (f)	gestion (f)	[ʒɛstjɔ̃]
serviço (indústria de ~s)	service (m)	[sɛrvis]

fórum (m)	forum (m)	[fɔrɔm]
funcionar (vi)	fonctionner (vi)	[fɔ̃ksjɔne]
estágio (m)	étape (f)	[etap]
jurídico	juridique (adj)	[ʒyridik]
jurista (m)	juriste (m)	[ʒyrist]

72. Produção. Trabalhos

usina (f)	usine (f)	[yzin]
fábrica (f)	fabrique (f)	[fabrik]
oficina (f)	atelier (m)	[atəlje]
local (m) de produção	site (m) de production	[sit də prɔdyksjɔ̃]

indústria (f)	industrie (f)	[ɛ̃dystri]
industrial	industriel (adj)	[ɛ̃dystrijɛl]
indústria (f) pesada	industrie (f) lourde	[ɛ̃dystri lurd]
indústria (f) ligeira	industrie (f) légère	[ɛ̃dystri leʒɛr]

produção (f)	produit (m)	[prɔdyi]
produzir (vt)	produire (vt)	[prɔdɥir]
matérias-primas (f pl)	matières (f pl) premières	[matjɛr prəmjɛr]

chefe (m) de brigada	chef (m) d'équipe	[ʃɛf dekip]
brigada (f)	équipe (f) d'ouvriers	[ekip duvrije]
operário (m)	ouvrier (m)	[uvrije]

dia (m) de trabalho	jour (m) ouvrable	[ʒur uvrabl]
pausa (f)	pause (f)	[poz]
reunião (f)	réunion (f)	[reynjɔ̃]
discutir (vt)	discuter (vt)	[diskyte]

plano (m)	plan (m)	[plɑ̃]
cumprir o plano	accomplir le plan	[akɔ̃plir lə plɑ̃]
taxa (f) de produção	norme (f) de production	[nɔrm də prɔdyksjɔ̃]
qualidade (f)	qualité (f)	[kalite]
controlo (m)	contrôle (m)	[kɔ̃trol]
controlo (m) da qualidade	contrôle (m) qualité	[kɔ̃trol kalite]

segurança (f) no trabalho	sécurité (f) de travail	[sekyrite də travaj]
disciplina (f)	discipline (f)	[disiplin]
infração (f)	infraction (f)	[ɛ̃fraksjɔ̃]

violar (as regras)	violer (vt)	[vjɔle]
greve (f)	grève (f)	[grɛv]
grevista (m)	gréviste (m)	[grevist]
estar em greve	faire grève	[fɛr grɛv]
sindicato (m)	syndicat (m)	[sɛ̃dika]
inventar (vt)	inventer (vt)	[ɛ̃vɑ̃te]
invenção (f)	invention (f)	[ɛ̃vɑ̃sjɔ̃]
pesquisa (f)	recherche (f)	[rəʃɛrʃ]
melhorar (vt)	améliorer (vt)	[ameljɔre]
tecnologia (f)	technologie (f)	[tɛknɔlɔʒi]
desenho (m) técnico	dessin (m) technique	[desɛ̃ tɛknik]
carga (f)	charge (f)	[ʃarʒ]
carregador (m)	chargeur (m)	[ʃarʒœr]
carregar (vt)	charger (vt)	[ʃarʒe]
carregamento (m)	chargement (m)	[ʃarʒəmɑ̃]
descarregar (vt)	décharger (vt)	[deʃarʒe]
descarga (f)	déchargement (m)	[deʃarʒəmɑ̃]
transporte (m)	transport (m)	[trɑ̃spɔr]
companhia (f) de transporte	compagnie (f) de transport	[kɔ̃paɲi də trɑ̃spɔr]
transportar (vt)	transporter (vt)	[trɑ̃spɔrte]
vagão (m) de carga	wagon (m) de marchandise	[vagɔ̃ də marʃɑ̃diz]
cisterna (f)	citerne (f)	[sitɛrn]
camião (m)	camion (m)	[kamjɔ̃]
máquina-ferramenta (f)	machine-outil (f)	[maʃinuti]
mecanismo (m)	mécanisme (m)	[mekanism]
resíduos (m pl) industriais	déchets (m pl)	[deʃɛ]
embalagem (f)	emballage (m)	[ɑ̃balaʒ]
embalar (vt)	emballer (vt)	[ɑ̃bale]

73. Contrato. Acordo

contrato (m)	contrat (m)	[kɔ̃tra]
acordo (m)	accord (m)	[akɔr]
adenda (f), anexo (m)	annexe (f)	[anɛks]
assinar o contrato	signer un contrat	[siɲe œ̃ kɔ̃tra]
assinatura (f)	signature (f)	[siɲatyr]
assinar (vt)	signer (vt)	[siɲe]
carimbo (m)	cachet (m)	[kaʃe]
objeto (m) do contrato	objet (m) du contrat	[ɔbʒɛ dy kɔ̃tra]
cláusula (f)	clause (f)	[kloz]
partes (f pl)	côtés (m pl)	[kote]
morada (f) jurídica	adresse (f) légale	[adrɛs legal]
violar o contrato	violer l'accord	[vjɔle lakɔr]
obrigação (f)	obligation (f)	[ɔbligasjɔ̃]
responsabilidade (f)	responsabilité (f)	[rɛspɔ̃sabilite]

força (f) maior	force (f) majeure	[fɔrs maʒœr]
litígio (m), disputa (f)	litige (m)	[litiʒ]
multas (f pl)	pénalités (f pl)	[penalite]

74. Importação & Exportação

importação (f)	importation (f)	[ɛ̃pɔrtasjɔ̃]
importador (m)	importateur (m)	[ɛ̃pɔrtatœr]
importar (vt)	importer (vt)	[ɛ̃pɔrte]
de importação	d'importation	[dɛ̃pɔrtasjɔ̃]
exportação (f)	exportation (f)	[ɛkspɔrtasjɔ̃]
exportador (m)	exportateur (m)	[ɛkspɔrtatœr]
exportar (vt)	exporter (vt)	[ɛkspɔrte]
de exportação	à l'export	[a lɛkspɔr]
mercadoria (f)	marchandise (f)	[marʃɑ̃diz]
lote (de mercadorias)	lot (m) de marchandises	[lo də marʃɑ̃diz]
peso (m)	poids (m)	[pwa]
volume (m)	volume (m)	[vɔlym]
metro (m) cúbico	mètre (m) cube	[mɛtr kyb]
produtor (m)	producteur (m)	[prɔdyktœr]
companhia (f) de transporte	compagnie (f) de transport	[kɔ̃paɲi də trɑ̃spɔr]
contentor (m)	container (m)	[kɔ̃tɛnɛr]
fronteira (f)	frontière (f)	[frɔ̃tjɛr]
alfândega (f)	douane (f)	[dwan]
taxa (f) alfandegária	droit (m) de douane	[drwa də dwan]
funcionário (m) da alfândega	douanier (m)	[dwanje]
contrabando (atividade)	contrebande (f)	[kɔ̃trəbɑ̃d]
contrabando (produtos)	contrebande (f)	[kɔ̃trəbɑ̃d]

75. Finanças

ação (f)	action (f)	[aksjɔ̃]
obrigação (f)	obligation (f)	[ɔbligasjɔ̃]
nota (f) promissória	lettre (f) de change	[lɛtr də ʃɑ̃ʒ]
bolsa (f)	bourse (f)	[burs]
cotação (m) das ações	cours (m) d'actions	[kur daksjɔ̃]
tornar-se mais barato	baisser (vi)	[bese]
tornar-se mais caro	augmenter (vi)	[ogmɑ̃te]
parte (f)	part (f)	[par]
participação (f) maioritária	participation (f) de contrôle	[partisipasjɔ̃ də kɔ̃trol]
investimento (m)	investissements (m pl)	[ɛ̃vɛstismɑ̃]
investir (vt)	investir (vt)	[ɛ̃vɛstir]
percentagem (f)	pour-cent (m)	[pursɑ̃]

juros (m pl)	intérêts (m pl)	[ɛ̃tɛrɛ]
lucro (m)	profit (m)	[prɔfi]
lucrativo	profitable (adj)	[prɔfitabl]
imposto (m)	impôt (m)	[ɛ̃po]

divisa (f)	devise (f)	[dəviz]
nacional	national (adj)	[nasjɔnal]
câmbio (m)	échange (m)	[eʃɑ̃ʒ]

contabilista (m)	comptable (m)	[kɔ̃tabl]
contabilidade (f)	comptabilité (f)	[kɔ̃tabilite]

bancarrota (f)	faillite (f)	[fajit]
falência (f)	krach (m)	[krak]
ruína (f)	ruine (f)	[rɥin]
arruinar-se (vr)	se ruiner (vp)	[sə rɥine]
inflação (f)	inflation (f)	[ɛ̃flasjɔ̃]
desvalorização (f)	dévaluation (f)	[devalɥasjɔ̃]

capital (m)	capital (m)	[kapital]
rendimento (m)	revenu (m)	[rəvəny]
volume (m) de negócios	chiffre (m) d'affaires	[ʃifr dafɛr]
recursos (m pl)	ressources (f pl)	[rəsurs]
recursos (m pl) financeiros	moyens (m pl) financiers	[mwajɛ̃ finɑ̃sje]

despesas (f pl) gerais	frais (m pl) généraux	[frɛ ʒenerø]
reduzir (vt)	réduire (vt)	[redɥir]

76. Marketing

marketing (m)	marketing (m)	[marketiŋ]
mercado (m)	marché (m)	[marʃe]
segmento (m) do mercado	segment (m) du marché	[sɛgmɑ̃ dy marʃe]
produto (m)	produit (m)	[prɔdyi]
mercadoria (f)	marchandise (f)	[marʃɑ̃diz]

marca (f)	marque (f) de fabrique	[mark də fabrik]
marca (f) comercial	marque (f) déposée	[mark depoze]
logotipo (m)	logotype (m)	[lɔgɔtip]
logo (m)	logo (m)	[logo]

demanda (f)	demande (f)	[dəmɑ̃d]
oferta (f)	offre (f)	[ɔfr]
necessidade (f)	besoin (m)	[bəzwɛ̃]
consumidor (m)	consommateur (m)	[kɔ̃sɔmatœr]

análise (f)	analyse (f)	[analiz]
analisar (vt)	analyser (vt)	[analize]
posicionamento (m)	positionnement (m)	[pozisjɔnmɑ̃]
posicionar (vt)	positionner (vt)	[pozisjɔne]

preço (m)	prix (m)	[pri]
política (f) de preços	politique (f) des prix	[politik də pri]
formação (f) de preços	formation (f) des prix	[fɔrmasjɔ̃ də pri]

77. Publicidade

publicidade (f)	publicité (f), pub (f)	[pyblisite], [pyb]
publicitar (vt)	faire de la publicité	[fɛr də la pyblisite]
orçamento (m)	budget (m)	[bydʒɛ]

anúncio (m) publicitário	annonce (f), pub (f)	[anõs], [pyb]
publicidade (f) televisiva	publicité (f) à la télévision	[pyblisite ɑla televizjõ]
publicidade (f) na rádio	publicité (f) à la radio	[pyblisite ɑla radjo]
publicidade (f) exterior	publicité (f) extérieure	[pyblisite ɛksterjœr]

comunicação (f) de massa	mass média (m pl)	[masmedja]
periódico (m)	périodique (m)	[perjɔdik]
imagem (f)	image (f)	[imaʒ]

slogan (m)	slogan (m)	[slɔgã]
mote (m), divisa (f)	devise (f)	[dəviz]

campanha (f)	campagne (f)	[kãpaɲ]
companha (f) publicitária	campagne (f) publicitaire	[kãpaɲ pyblisitɛr]
grupo (m) alvo	public (m) cible	[pyblik sibl]

cartão (m) de visita	carte (f) de visite	[kart də vizit]
flyer (m)	prospectus (m)	[prɔspɛktys]
brochura (f)	brochure (f)	[brɔʃyr]
folheto (m)	dépliant (m)	[deplijã]
boletim (~ informativo)	bulletin (m)	[byltɛ̃]

letreiro (m)	enseigne (f)	[ãsɛɲ]
cartaz, póster (m)	poster (m)	[pɔstɛr]
painel (m) publicitário	panneau-réclame (m)	[pano reklam]

78. Banca

banco (m)	banque (f)	[bãk]
sucursal, balcão (f)	agence (f) bancaire	[aʒãs bãkɛr]

consultor (m)	conseiller (m)	[kõseje]
gerente (m)	gérant (m)	[ʒerã]

conta (f)	compte (m)	[kõt]
número (m) da conta	numéro (m) du compte	[nymero dy kõt]
conta (f) corrente	compte (m) courant	[kõt kurã]
conta (f) poupança	compte (m) sur livret	[kõt syr livrɛ]

abrir uma conta	ouvrir un compte	[uvrir œ̃ kõt]
fechar uma conta	clôturer le compte	[klotyre lə kõt]
depositar na conta	verser dans le compte	[vɛrse dã lə kõt]
levantar (vt)	retirer du compte	[rətire dy kõt]

depósito (m)	dépôt (m)	[depo]
fazer um depósito	faire un dépôt	[fɛr œ̃ depo]
transferência (f) bancária	virement (m) bancaire	[virmã bãkɛr]

transferir (vt)	faire un transfert	[fɛr œ̃ trɑ̃sfɛr]
soma (f)	somme (f)	[sɔm]
Quanto?	Combien?	[kɔ̃bjɛ̃]
assinatura (f)	signature (f)	[siɲatyr]
assinar (vt)	signer (vt)	[siɲe]
cartão (m) de crédito	carte (f) de crédit	[kart də kredi]
código (m)	code (m)	[kɔd]
número (m)	numéro (m) de carte	[nymero də kart
do cartão de crédito	de crédit	də kredi]
Caixa Multibanco (m)	distributeur (m)	[distribytœr]
cheque (m)	chèque (m)	[ʃɛk]
passar um cheque	faire un chèque	[fɛr œ̃ ʃɛk]
livro (m) de cheques	chequier (m)	[ʃekje]
empréstimo (m)	crédit (m)	[kredi]
pedir um empréstimo	demander un crédit	[dəmɑ̃de œ̃ kredi]
obter um empréstimo	prendre un crédit	[prɑ̃dr œ̃ kredi]
conceder um empréstimo	accorder un crédit	[akɔrde œ̃ kredi]
garantia (f)	gage (m)	[gaʒ]

79. Telefone. Conversação telefónica

telefone (m)	téléphone (m)	[telefɔn]
telemóvel (m)	portable (m)	[pɔrtabl]
secretária (f) electrónica	répondeur (m)	[repɔ̃dœr]
fazer uma chamada	téléphoner, appeler	[telefɔne], [aple]
chamada (f)	appel (m)	[apɛl]
marcar um número	composer le numéro	[kɔ̃poze lə nymero]
Alô!	Allo!	[alo]
perguntar (vt)	demander (vt)	[dəmɑ̃de]
responder (vt)	répondre (vi, vt)	[repɔ̃dr]
ouvir (vt)	entendre (vt)	[ɑ̃tɑ̃dr]
bem	bien (adv)	[bjɛ̃]
mal	mal (adv)	[mal]
ruído (m)	bruits (m pl)	[brɥi]
auscultador (m)	récepteur (m)	[resɛptœr]
pegar o telefone	décrocher (vt)	[dekrɔʃe]
desligar (vi)	raccrocher (vi)	[rakrɔʃe]
ocupado	occupé (adj)	[ɔkype]
tocar (vi)	sonner (vi)	[sɔ̃]
lista (f) telefónica	carnet (m) de téléphone	[karnɛ də telefɔn]
local	local (adj)	[lɔkal]
chamada (f) local	appel (m) local	[apɛl lɔkal]
de longa distância	interurbain (adj)	[ɛ̃tɛryrbɛ̃]
chamada (f) de longa distância	appel (m) interurbain	[apɛl ɛ̃tɛryrbɛ̃]

| internacional | international (adj) | [ɛ̃tɛrnasjɔnal] |
| chamada (f) internacional | appel (m) international | [apɛl ɛ̃tɛrnasjɔnal] |

80. Telefone móvel

telemóvel (m)	portable (m)	[pɔrtabl]
ecrã (m)	écran (m)	[ekrɑ̃]
botão (m)	bouton (m)	[butɔ̃]
cartão SIM (m)	carte SIM (f)	[kart sım]

bateria (f)	pile (f)	[pil]
descarregar-se	être déchargé	[ɛtr deʃarʒe]
carregador (m)	chargeur (m)	[ʃarʒœr]

| menu (m) | menu (m) | [məny] |
| definições (f pl) | réglages (m pl) | [reglaʒ] |

| melodia (f) | mélodie (f) | [melɔdi] |
| escolher (vt) | sélectionner (vt) | [selɛksjɔne] |

calculadora (f)	calculatrice (f)	[kalkylatris]
correio (m) de voz	répondeur (m)	[repɔ̃dœr]
despertador (m)	réveil (m)	[revɛj]
contatos (m pl)	contacts (m pl)	[kɔ̃takt]

| mensagem (f) de texto | SMS (m) | [esemes] |
| assinante (m) | abonné (m) | [abɔne] |

81. Estacionário

| caneta (f) | stylo (m) à bille | [stilo ɑ bij] |
| caneta (f) tinteiro | stylo (m) à plume | [stilo ɑ plym] |

lápis (m)	crayon (m)	[krɛjɔ̃]
marcador (m)	marqueur (m)	[markœr]
caneta (f) de feltro	feutre (m)	[føtr]

| bloco (m) de notas | bloc-notes (m) | [blɔknɔt] |
| agenda (f) | agenda (m) | [aʒɛ̃da] |

régua (f)	règle (f)	[rɛgl]
calculadora (f)	calculatrice (f)	[kalkylatris]
borracha (f)	gomme (f)	[gɔm]

| pionés (m) | punaise (f) | [pynɛz] |
| clipe (m) | trombone (m) | [trɔ̃bɔn] |

| cola (f) | colle (f) | [kɔl] |
| agrafador (m) | agrafeuse (f) | [agraføz] |

| furador (m) | perforateur (m) | [pɛrfɔratœr] |
| afia-lápis (m) | taille-crayon (m) | [tajkrɛjɔ̃] |

82. Tipos de negócios

serviços (m pl) de contabilidade	services (m pl) comptables	[sɛrvis kɔ̃tabl]
publicidade (f)	publicité (f), pub (f)	[pyblisite], [pyb]
agência (f) de publicidade	agence (f) publicitaire	[aʒɑ̃s pyblisitɛr]
ar (m) condicionado	climatisation (m)	[klimatizasjɔ̃]
companhia (f) aérea	compagnie (f) aérienne	[kɔ̃paɲi aerjɛn]

bebidas (f pl) alcoólicas	boissons (f pl) alcoolisées	[bwasɔ̃ alkɔlize]
comércio (m) de antiguidades	antiquités (f pl)	[ɑ̃tikite]
galeria (f) de arte	galerie (f) d'art	[galri dar]
serviços (m pl) de auditoria	services (m pl) d'audition	[sɛrvis dodisjɔ̃]

negócios (m pl) bancários	banques (f pl)	[bɑ̃k]
bar (m)	bar (m)	[bar]
salão (m) de beleza	salon (m) de beauté	[salɔ̃ də bote]
livraria (f)	librairie (f)	[librɛri]
cervejaria (f)	brasserie (f)	[brasri]
centro (m) de escritórios	centre (m) d'affaires	[sɑ̃tr dafɛr]
escola (f) de negócios	école (f) de commerce	[ekɔl də kɔmɛrs]

casino (m)	casino (m)	[kazino]
construção (f)	bâtiment (m)	[batimɑ̃]
serviços (m pl) de consultoria	conseil (m)	[kɔ̃sɛj]

estomatologia (f)	dentistes (pl)	[dɑ̃tists]
design (m)	design (m)	[dizajn]
farmácia (f)	pharmacie (f)	[farmasi]
lavandaria (f)	pressing (m)	[presiŋ]
agência (f) de emprego	agence (f) de recrutement	[aʒɑ̃s də rəkrytmɑ̃]

serviços (m pl) financeiros	service (m) financier	[sɛrvis finɑ̃sje]
alimentos (m pl)	produits (m pl) alimentaires	[prɔdyi alimɑ̃tɛr]
agência (f) funerária	maison (f) funéraire	[mɛzɔ̃ fynerɛr]
mobiliário (m)	meubles (m pl)	[mœbl]
roupa (f)	vêtement (m)	[vɛtmɑ̃]
hotel (m)	hôtel (m)	[otɛl]

gelado (m)	glace (f)	[glas]
indústria (f)	industrie (f)	[ɛ̃dystri]
seguro (m)	assurance (f)	[asyrɑ̃s]
internet (f)	Internet (m)	[ɛ̃tɛrnɛt]
investimento (m)	investissements (m pl)	[ɛ̃vɛstismɑ̃]

joalheiro (m)	bijoutier (m)	[biʒutje]
joias (f pl)	bijouterie (f)	[biʒutri]
lavandaria (f)	blanchisserie (f)	[blɑ̃ʃisri]
serviços (m pl) jurídicos	service (m) juridique	[sɛrvis ʒyridik]
indústria (f) ligeira	industrie (f) légère	[ɛ̃dystri leʒɛr]

revista (f)	revue (f)	[rəvy]
vendas (f pl) por catálogo	vente (f) par catalogue	[vɑ̃t par katalɔg]
medicina (f)	médecine (f)	[medsin]
cinema (m)	cinéma (m)	[sinema]

museu (m)	musée (m)	[myze]
agência (f) de notícias	agence (f) d'information	[aʒɑ̃s dɛfɔrmasjɔ̃]
jornal (m)	journal (m)	[ʒurnal]
clube (m) noturno	boîte (f) de nuit	[bwat də nɥi]

petróleo (m)	pétrole (m)	[petrɔl]
serviço (m) de encomendas	coursiers (m pl)	[kursje]
indústria (f) farmacêutica	industrie (f) pharmaceutique	[ɛ̃dystri farmasøtik]
poligrafia (f)	imprimerie (f)	[ɛ̃primri]
editora (f)	maison (f) d'édition	[mɛzɔ̃ dedisjɔ̃]

rádio (m)	radio (f)	[radjo]
imobiliário (m)	immobilier (m)	[imɔbilje, -ɛr]
restaurante (m)	restaurant (m)	[rɛstɔrɑ̃]

empresa (f) de segurança	agence (f) de sécurité	[aʒɑ̃s də sekyrite]
desporto (m)	sport (m)	[spɔr]
bolsa (f)	bourse (f)	[burs]
loja (f)	magasin (m)	[magazɛ̃]
supermercado (m)	supermarché (m)	[sypɛrmarʃe]
piscina (f)	piscine (f)	[pisin]

alfaiataria (f)	atelier (m) de couture	[atəlje də kutyr]
televisão (f)	télévision (f)	[televizjɔ̃]
teatro (m)	théâtre (m)	[teɑtr]
comércio (atividade)	commerce (m)	[kɔmɛrs]
serviços (m pl) de transporte	sociétés de transport	[sɔsjete trɑ̃spɔr]
viagens (f pl)	tourisme (m)	[turism]

veterinário (m)	vétérinaire (m)	[veterinɛr]
armazém (m)	entrepôt (m)	[ɑ̃trəpo]
recolha (f) do lixo	récupération (f) des déchets	[rekyperasjɔ̃ də deʃɛ]

Emprego. Negócios. Parte 2

83. Espetáculo. Feira

feira (f)	salon (m)	[salɔ̃]
feira (f) comercial	salon (m) commercial	[salɔ̃ kɔmɛrsjal]
participação (f)	participation (f)	[partisipasjɔ̃]
participar (vi)	participer à …	[partisipe a]
participante (m)	participant (m)	[partisipɑ̃]
diretor (m)	directeur (m)	[dirɛktœr]
direção (f)	direction (f)	[dirɛksjɔ̃]
organizador (m)	organisateur (m)	[ɔrganizatœr]
organizar (vt)	organiser (vt)	[ɔrganize]
ficha (f) de inscrição	demande (f) de participation	[dəmɑ̃d də partisipasjɔ̃]
preencher (vt)	remplir (vt)	[rɑ̃plir]
detalhes (m pl)	détails (m pl)	[detaj]
informação (f)	information (f)	[ɛ̃fɔrmasjɔ̃]
preço (m)	prix (m)	[pri]
incluindo	y compris	[i kɔ̃pri]
incluir (vt)	inclure (vt)	[ɛ̃klyr]
pagar (vt)	payer (vi, vt)	[peje]
taxa (f) de inscrição	droits (m pl) d'inscription	[drwa dɛ̃skripsjɔ̃]
entrada (f)	entrée (f)	[ɑ̃tre]
pavilhão (m)	pavillon (m)	[pavijɔ̃]
inscrever (vt)	enregistrer (vt)	[ɑ̃rəʒistre]
crachá (m)	badge (m)	[badʒ]
stand (m)	stand (m)	[stɑ̃d]
reservar (vt)	réserver (vt)	[rezɛrve]
vitrina (f)	vitrine (f)	[vitrin]
foco, spot (m)	lampe (f)	[lɑ̃p]
design (m)	design (m)	[dizajn]
pôr, colocar (vt)	mettre, placer	[mɛtr], [plase]
ser colocado, -a	être placé	[ɛtr plase]
distribuidor (m)	distributeur (m)	[distribytœr]
fornecedor (m)	fournisseur (m)	[furnisœr]
fornecer (vt)	fournir (vt)	[furnir]
país (m)	pays (m)	[pei]
estrangeiro	étranger (adj)	[etrɑ̃ʒe]
produto (m)	produit (m)	[prɔdyi]
associação (f)	association (f)	[asɔsjasjɔ̃]

sala (f) de conferências	salle (f) de conférences	[sal də kɔ̃ferɑ̃s]
congresso (m)	congrès (m)	[kɔ̃grɛ]
concurso (m)	concours (m)	[kɔ̃kur]
visitante (m)	visiteur (m)	[vizitœr]
visitar (vt)	visiter (vt)	[vizite]
cliente (m)	client (m)	[klijɑ̃]

84. Ciência. Investigação. Cientistas

ciência (f)	science (f)	[sjɑ̃s]
científico	scientifique (adj)	[sjɑ̃tifik]
cientista (m)	savant (m)	[savɑ̃]
teoria (f)	théorie (f)	[teɔri]
axioma (m)	axiome (m)	[aksjom]
análise (f)	analyse (f)	[analiz]
analisar (vt)	analyser (vt)	[analize]
argumento (m)	argument (m)	[argymɑ̃]
substância (f)	substance (f)	[sypstɑ̃s]
hipótese (f)	hypothèse (f)	[ipɔtɛz]
dilema (m)	dilemme (m)	[dilɛm]
tese (f)	thèse (f)	[tɛz]
dogma (m)	dogme (m)	[dɔgm]
doutrina (f)	doctrine (f)	[dɔktrin]
pesquisa (f)	recherche (f)	[rəʃɛrʃ]
pesquisar (vt)	rechercher (vt)	[rəʃɛrʃe]
teste (m)	test (m)	[tɛst]
laboratório (m)	laboratoire (m)	[labɔratwar]
método (m)	méthode (f)	[metɔd]
molécula (f)	molécule (f)	[mɔlekyl]
monitoramento (m)	monitoring (m)	[mɔnitɔriŋ]
descoberta (f)	découverte (f)	[dekuvɛrt]
postulado (m)	postulat (m)	[pɔstyla]
princípio (m)	principe (m)	[prɛ̃sip]
prognóstico (previsão)	prévision (f)	[previzjɔ̃]
prognosticar (vt)	prévoir (vt)	[prevwar]
síntese (f)	synthèse (f)	[sɛ̃tɛz]
tendência (f)	tendance (f)	[tɑ̃dɑ̃s]
teorema (m)	théorème (m)	[teɔrɛm]
ensinamentos (m pl)	enseignements (m pl)	[ɑ̃sɛɲmɑ̃]
facto (m)	fait (m)	[fɛ]
expedição (f)	expédition (f)	[ɛkspedisjɔ̃]
experiência (f)	expérience (f)	[ɛksperjɑ̃s]
académico (m)	académicien (m)	[akademisjɛn]
bacharel (m)	bachelier (m)	[baʃəlje]
doutor (m)	docteur (m)	[dɔktœr]

docente (m)	chargé (m) de cours	[ʃarʒe də kur]
mestre (m)	magistère (m)	[maʒistɛr]
professor (m) catedrático	professeur (m)	[prɔfɛsœr]

Profissões e ocupações

85. Procura de emprego. Demissão

trabalho (m)	travail (m)	[travaj]
equipa (f)	employés (pl)	[ãplwaje]
pessoal (m)	personnel (m)	[pɛrsɔnɛl]
carreira (f)	carrière (f)	[karjɛr]
perspetivas (f pl)	perspective (f)	[pɛrspɛktiv]
mestria (f)	maîtrise (f)	[metriz]
seleção (f)	sélection (f)	[selɛksjɔ̃]
agência (f) de emprego	agence (f) de recrutement	[aʒɑ̃s də rəkrytmɑ̃]
CV, currículo (m)	C.V. (m)	[seve]
entrevista (f) de emprego	entretien (m)	[ɑ̃trətjɛ̃]
vaga (f)	emploi (m) vacant	[ɑ̃plwa vakɑ̃]
salário (m)	salaire (m)	[salɛr]
salário (m) fixo	salaire (m) fixe	[salɛr fiks]
pagamento (m)	rémunération (f)	[remynerasjɔ̃]
posto (m)	poste (m)	[pɔst]
dever (do empregado)	fonction (f)	[fɔ̃ksjɔ̃]
gama (f) de deveres	liste (f) des fonctions	[list de fɔ̃ksjɔ̃]
ocupado	occupé (adj)	[ɔkype]
despedir, demitir (vt)	licencier (vt)	[lisɑ̃sje]
demissão (f)	licenciement (m)	[lisɑ̃simɑ̃]
desemprego (m)	chômage (m)	[ʃomaʒ]
desempregado (m)	chômeur (m)	[ʃomœr]
reforma (f)	retraite (f)	[rətrɛt]
reformar-se	prendre sa retraite	[prɑ̃dr sa rətrɛt]

86. Gente de negócios

diretor (m)	directeur (m)	[dirɛktœr]
gerente (m)	gérant (m)	[ʒerɑ̃]
patrão, chefe (m)	patron (m)	[patrɔ̃]
superior (m)	supérieur (m)	[syperjœr]
superiores (m pl)	supérieurs (m pl)	[syperjœr]
presidente (m)	président (m)	[prezidɑ̃]
presidente (m) de direção	président (m)	[prezidɑ̃]
substituto (m)	adjoint (m)	[adʒwɛ̃]
assistente (m)	assistant (m)	[asistɑ̃]

secretário (m)	secrétaire (m, f)	[səkretɛr]
secretário (m) pessoal	secrétaire (m, f) personnel	[səkretɛr pɛrsɔnɛl]
homem (m) de negócios	homme (m) d'affaires	[ɔm dafɛr]
empresário (m)	entrepreneur (m)	[ãtrəprənœr]
fundador (m)	fondateur (m)	[fɔ̃datœr]
fundar (vt)	fonder (vt)	[fɔ̃de]
fundador, sócio (m)	fondateur (m)	[fɔ̃datœr]
parceiro, sócio (m)	partenaire (m)	[partənɛr]
acionista (m)	actionnaire (m)	[aksjɔnɛr]
milionário (m)	millionnaire (m)	[miljɔnɛr]
bilionário (m)	milliardaire (m)	[miljardɛr]
proprietário (m)	propriétaire (m)	[prɔprijetɛr]
proprietário (m) de terras	propriétaire (m) foncier	[prɔprijetɛr fɔ̃sje]
cliente (m)	client (m)	[klijã]
cliente (m) habitual	client (m) régulier	[klijã regylje]
comprador (m)	acheteur (m)	[aʃtœr]
visitante (m)	visiteur (m)	[vizitœr]
profissional (m)	professionnel (m)	[prɔfɛsjɔnɛl]
perito (m)	expert (m)	[ɛkspɛr]
especialista (m)	spécialiste (m)	[spesjalist]
banqueiro (m)	banquier (m)	[bãkje]
corretor (m)	courtier (m)	[kurtje]
caixa (m, f)	caissier (m)	[kesje]
contabilista (m)	comptable (m)	[kɔ̃tabl]
guarda (m)	agent (m) de sécurité	[aʒã də sekyrite]
investidor (m)	investisseur (m)	[ɛ̃vɛstisœr]
devedor (m)	débiteur (m)	[debitœr]
credor (m)	créancier (m)	[kreãsje]
mutuário (m)	emprunteur (m)	[ãprœ̃tœr]
importador (m)	importateur (m)	[ɛ̃pɔrtatœr]
exportador (m)	exportateur (m)	[ɛkspɔrtatœr]
produtor (m)	producteur (m)	[prɔdyktœr]
distribuidor (m)	distributeur (m)	[distribytœr]
intermediário (m)	intermédiaire (m)	[ɛ̃tɛrmedjɛr]
consultor (m)	conseiller (m)	[kɔ̃seje]
representante (m)	représentant (m)	[rəprezãtã]
agente (m)	agent (m)	[aʒã]
agente (m) de seguros	agent (m) d'assurances	[aʒã dasyrãs]

87. Profissões de serviços

cozinheiro (m)	cuisinier (m)	[kɥizinje]
cozinheiro chefe (m)	cuisinier (m) en chef	[kɥizinje ã ʃɛf]

padeiro (m)	boulanger (m)	[bulɑ̃ʒe]
barman (m)	barman (m)	[barman]
empregado (m) de mesa	serveur (m)	[sɛrvœr]
empregada (f) de mesa	serveuse (f)	[sɛrvøz]
advogado (m)	avocat (m)	[avɔka]
jurista (m)	juriste (m)	[ʒyrist]
notário (m)	notaire (m)	[nɔtɛr]
eletricista (m)	électricien (m)	[elɛktrisjɛ̃]
canalizador (m)	plombier (m)	[plɔ̃bje]
carpinteiro (m)	charpentier (m)	[ʃarpɑ̃tje]
massagista (m)	masseur (m)	[masœr]
massagista (f)	masseuse (f)	[masøz]
médico (m)	médecin (m)	[medsɛ̃]
taxista (m)	chauffeur (m) de taxi	[ʃofœr də taksi]
condutor (automobilista)	chauffeur (m)	[ʃofœr]
entregador (m)	livreur (m)	[livrœr]
camareira (f)	femme (f) de chambre	[fam də ʃɑ̃br]
guarda (m)	agent (m) de sécurité	[aʒɑ̃ də sekyrite]
hospedeira (f) de bordo	hôtesse (f) de l'air	[otɛs də lɛr]
professor (m)	professeur (m)	[prɔfɛsœr]
bibliotecário (m)	bibliothécaire (m)	[biblijɔtekɛr]
tradutor (m)	traducteur (m)	[tradyktœr]
intérprete (m)	interprète (m)	[ɛ̃tɛrprɛt]
guia (pessoa)	guide (m)	[gid]
cabeleireiro (m)	coiffeur (m)	[kwafœr]
carteiro (m)	facteur (m)	[faktœr]
vendedor (m)	vendeur (m)	[vɑ̃dœr]
jardineiro (m)	jardinier (m)	[ʒardinje]
criado (m)	serviteur (m)	[sɛrvitœr]
criada (f)	servante (f)	[sɛrvɑ̃t]
empregada (f) de limpeza	femme (f) de ménage	[fam də menaʒ]

88. Profissões militares e postos

soldado (m) raso	soldat (m)	[sɔlda]
sargento (m)	sergent (m)	[sɛrʒɑ̃]
tenente (m)	lieutenant (m)	[ljøtnɑ̃]
capitão (m)	capitaine (m)	[kapitɛn]
major (m)	commandant (m)	[kɔmɑ̃dɑ̃]
coronel (m)	colonel (m)	[kɔlɔnɛl]
general (m)	général (m)	[ʒeneral]
marechal (m)	maréchal (m)	[mareʃal]
almirante (m)	amiral (m)	[amiral]
militar (m)	militaire (m)	[militɛr]
soldado (m)	soldat (m)	[sɔlda]

oficial (m)	officier (m)	[ɔfisje]
comandante (m)	commandant (m)	[kɔmɑ̃dɑ̃]

guarda (m) fronteiriço	garde-frontière (m)	[gardəfrɔ̃tjɛr]
operador (m) de rádio	opérateur (m) radio	[ɔperatœr radjo]
explorador (m)	éclaireur (m)	[eklɛrœr]
sapador (m)	démineur (m)	[deminœr]
atirador (m)	tireur (m)	[tirœr]
navegador (m)	navigateur (m)	[navigatœr]

89. Oficiais. Padres

rei (m)	roi (m)	[rwa]
rainha (f)	reine (f)	[rɛn]

príncipe (m)	prince (m)	[prɛ̃s]
princesa (f)	princesse (f)	[prɛ̃sɛs]

czar (m)	tsar (m)	[tsar]
czarina (f)	tsarine (f)	[tsarin]

presidente (m)	président (m)	[prezidɑ̃]
ministro (m)	ministre (m)	[ministr]
primeiro-ministro (m)	premier ministre (m)	[prəmje ministɛr]
senador (m)	sénateur (m)	[senatœr]

diplomata (m)	diplomate (m)	[diplɔmat]
cônsul (m)	consul (m)	[kɔ̃syl]
embaixador (m)	ambassadeur (m)	[ɑ̃basadœr]
conselheiro (m)	conseiller (m)	[kɔ̃seje]

funcionário (m)	fonctionnaire (m)	[fɔ̃ksjɔnɛr]
prefeito (m)	préfet (m)	[prefɛ]
Presidente (m) da Câmara	maire (m)	[mɛr]

juiz (m)	juge (m)	[ʒyʒ]
procurador (m)	procureur (m)	[prɔkyrœr]

missionário (m)	missionnaire (m)	[misjɔnɛr]
monge (m)	moine (m)	[mwan]
abade (m)	abbé (m)	[abe]
rabino (m)	rabbin (m)	[rabɛ̃]

vizir (m)	vizir (m)	[vizir]
xá (m)	shah (m)	[ʃa]
xeque (m)	cheik (m)	[ʃɛjk]

90. Profissões agrícolas

apicultor (m)	apiculteur (m)	[apikyltœr]
pastor (m)	berger (m)	[bɛrʒe]
agrónomo (m)	agronome (m)	[agrɔnɔm]

criador (m) de gado	éleveur (m)	[elvœr]
veterinário (m)	vétérinaire (m)	[veterinɛr]
agricultor (m)	fermier (m)	[fɛrmje]
vinicultor (m)	vinificateur (m)	[vinifikatœr]
zoólogo (m)	zoologiste (m)	[zɔɔlɔʒist]
cowboy (m)	cow-boy (m)	[kɔbɔj]

91. Profissões artísticas

ator (m)	acteur (m)	[aktœr]
atriz (f)	actrice (f)	[aktris]
cantor (m)	chanteur (m)	[ʃɑ̃tœr]
cantora (f)	cantatrice (f)	[kɑ̃tatris]
bailarino (m)	danseur (m)	[dɑ̃sœr]
bailarina (f)	danseuse (f)	[dɑ̃søz]
artista (m)	artiste (m)	[artist]
artista (f)	artiste (f)	[artist]
músico (m)	musicien (m)	[myzisjɛ̃]
pianista (m)	pianiste (m)	[pjanist]
guitarrista (m)	guitariste (m)	[gitarist]
maestro (m)	chef (m) d'orchestre	[ʃɛf dɔrkɛstr]
compositor (m)	compositeur (m)	[kɔ̃pozitœr]
empresário (m)	imprésario (m)	[ɛ̃presarjo]
realizador (m)	metteur (m) en scène	[mɛtœr ɑ̃ sɛn]
produtor (m)	producteur (m)	[prɔdyktœr]
argumentista (m)	scénariste (m)	[senarist]
crítico (m)	critique (m)	[kritik]
escritor (m)	écrivain (m)	[ekrivɛ̃]
poeta (m)	poète (m)	[pɔɛt]
escultor (m)	sculpteur (m)	[skyltœr]
pintor (m)	peintre (m)	[pɛ̃tr]
malabarista (m)	jongleur (m)	[ʒɔ̃glœr]
palhaço (m)	clown (m)	[klun]
acrobata (m)	acrobate (m)	[akrɔbat]
mágico (m)	magicien (m)	[maʒisjɛ̃]

92. Várias profissões

médico (m)	médecin (m)	[medsɛ̃]
enfermeira (f)	infirmière (f)	[ɛ̃firmjɛr]
psiquiatra (m)	psychiatre (m)	[psikjatr]
estomatologista (m)	stomatologue (m)	[stɔmatɔlɔg]
cirurgião (m)	chirurgien (m)	[ʃiryrʒjɛ̃]

astronauta (m)	astronaute (m)	[astrɔnot]
astrónomo (m)	astronome (m)	[astrɔnɔm]
piloto (m)	pilote (m)	[pilɔt]
motorista (m)	chauffeur (m)	[ʃofœr]
maquinista (m)	conducteur (m) de train	[kɔ̃dyktœr də trɛ̃]
mecânico (m)	mécanicien (m)	[mekanisjɛ̃]
mineiro (m)	mineur (m)	[minœr]
operário (m)	ouvrier (m)	[uvrije]
serralheiro (m)	serrurier (m)	[seryrje]
marceneiro (m)	menuisier (m)	[mənɥizje]
torneiro (m)	tourneur (m)	[turnœr]
construtor (m)	ouvrier (m) du bâtiment	[uvrije dy batimɑ̃]
soldador (m)	soudeur (m)	[sudœr]
professor (m) catedrático	professeur (m)	[prɔfɛsœr]
arquiteto (m)	architecte (m)	[arʃitɛkt]
historiador (m)	historien (m)	[istɔrjɛ̃]
cientista (m)	savant (m)	[savɑ̃]
físico (m)	physicien (m)	[fizisjɛ̃]
químico (m)	chimiste (m)	[ʃimist]
arqueólogo (m)	archéologue (m)	[arkeɔlɔg]
geólogo (m)	géologue (m)	[ʒeɔlɔg]
pesquisador (cientista)	chercheur (m)	[ʃɛrʃœr]
babysitter (f)	baby-sitter (m, f)	[bebisitœr]
professor (m)	pédagogue (m, f)	[pedagɔg]
redator (m)	rédacteur (m)	[redaktœr]
redator-chefe (m)	rédacteur (m) en chef	[redaktœr ɑ̃ ʃɛf]
correspondente (m)	correspondant (m)	[kɔrɛspɔ̃dɑ̃]
datilógrafa (f)	dactylographe (f)	[daktilɔgraf]
designer (m)	designer (m)	[dizajnœr]
especialista (m) em informática	informaticien (m)	[ɛ̃fɔrmatisjɛ̃]
programador (m)	programmeur (m)	[prɔgramœr]
engenheiro (m)	ingénieur (m)	[ɛ̃ʒenjœr]
marujo (m)	marin (m)	[marɛ̃]
marinheiro (m)	matelot (m)	[matlo]
salvador (m)	secouriste (m)	[səkurist]
bombeiro (m)	pompier (m)	[pɔ̃pje]
polícia (m)	policier (m)	[pɔlisje]
guarda-noturno (m)	veilleur (m) de nuit	[vejœr də nɥi]
detetive (m)	détective (m)	[detɛktiv]
funcionário (m) da alfândega	douanier (m)	[dwanje]
guarda-costas (m)	garde (m) du corps	[gard dy kɔr]
guarda (m) prisional	gardien (m) de prison	[gardjɛ̃ də prizɔ̃]
inspetor (m)	inspecteur (m)	[ɛ̃spɛktœr]
desportista (m)	sportif (m)	[spɔrtif]
treinador (m)	entraîneur (m)	[ɑ̃trɛnœr]

talhante (m)	boucher (m)	[buʃe]
sapateiro (m)	cordonnier (m)	[kɔrdɔnje]
comerciante (m)	commerçant (m)	[kɔmɛrsɑ̃]
carregador (m)	chargeur (m)	[ʃarʒœr]
estilista (m)	couturier (m)	[kutyrje]
modelo (f)	modèle (f)	[mɔdɛl]

93. Ocupações. Estatuto social

aluno, escolar (m)	écolier (m)	[ekɔlje]
estudante (~ universitária)	étudiant (m)	[etydjɑ̃]
filósofo (m)	philosophe (m)	[filɔzɔf]
economista (m)	économiste (m)	[ekɔnɔmist]
inventor (m)	inventeur (m)	[ɛ̃vɑ̃tœr]
desempregado (m)	chômeur (m)	[ʃomœr]
reformado (m)	retraité (m)	[rətrɛte]
espião (m)	espion (m)	[ɛspjɔ̃]
preso (m)	prisonnier (m)	[prizɔnje]
grevista (m)	gréviste (m)	[grevist]
burocrata (m)	bureaucrate (m)	[byrokrat]
viajante (m)	voyageur (m)	[vwajaʒœr]
homossexual (m)	homosexuel (m)	[ɔmɔsɛksɥɛl]
hacker (m)	hacker (m)	[akeːr]
hippie	hippie (m, f)	[ipi]
bandido (m)	bandit (m)	[bɑ̃di]
assassino (m) a soldo	tueur (m) à gages	[tɥœr a gaʒ]
toxicodependente (m)	drogué (m)	[drɔge]
traficante (m)	trafiquant (m) de drogue	[trafikɑ̃ də drɔg]
prostituta (f)	prostituée (f)	[prɔstitɥe]
chulo (m)	souteneur (m)	[sutnœr]
bruxo (m)	sorcier (m)	[sɔrsje]
bruxa (f)	sorcière (f)	[sɔrsjɛr]
pirata (m)	pirate (m)	[pirat]
escravo (m)	esclave (m)	[ɛsklav]
samurai (m)	samouraï (m)	[samuraj]
selvagem (m)	sauvage (m)	[sovaʒ]

Educação

94. Escola

escola (f)	école (f)	[ekɔl]
diretor (m) de escola	directeur (m) d'école	[dirɛktœr dekɔl]
aluno (m)	élève (m)	[elɛv]
aluna (f)	élève (f)	[elɛv]
escolar (m)	écolier (m)	[ekɔlje]
escolar (f)	écolière (f)	[ekɔljɛr]
ensinar (vt)	enseigner (vt)	[ɑ̃seɲe]
aprender (vt)	apprendre (vt)	[aprɑ̃dr]
aprender de cor	apprendre par cœur	[aprɑ̃dr par kœr]
estudar (vi)	apprendre (vi)	[aprɑ̃dr]
andar na escola	être étudiant, -e	[ɛtr etydjɑ̃, -ɑ̃t]
ir à escola	aller à l'école	[ale a lekɔl]
alfabeto (m)	alphabet (m)	[alfabɛ]
disciplina (f)	matière (f)	[matjɛr]
sala (f) de aula	salle (f) de classe	[sal də klas]
lição (f)	leçon (f)	[ləsɔ̃]
recreio (m)	récréation (f)	[rekreasjɔ̃]
toque (m)	sonnerie (f)	[sɔnri]
carteira (f)	pupitre (m)	[pypitr]
quadro (m) negro	tableau (m)	[tablo]
nota (f)	note (f)	[nɔt]
boa nota (f)	bonne note (f)	[bɔnnɔt]
nota (f) baixa	mauvaise note (f)	[movɛz nɔt]
dar uma nota	donner une note	[dɔne yn nɔt]
erro (m)	faute (f)	[fot]
fazer erros	faire des fautes	[fɛr de fot]
corrigir (vt)	corriger (vt)	[kɔriʒe]
cábula (f)	antisèche (f)	[ɑ̃tisɛʃ]
dever (m) de casa	devoir (m)	[dəvwar]
exercício (m)	exercice (m)	[ɛgzɛrsis]
estar presente	être présent	[ɛtr prezɑ̃]
estar ausente	être absent	[ɛtr apsɑ̃]
faltar às aulas	manquer l'école	[mɑ̃ke lekɔl]
punir (vt)	punir (vt)	[pynir]
punição (f)	punition (f)	[pynisjɔ̃]
comportamento (m)	conduite (f)	[kɔ̃dɥit]

boletim (m) escolar	carnet (m) de notes	[karnɛ də nɔt]
lápis (m)	crayon (m)	[krɛjɔ̃]
borracha (f)	gomme (f)	[gɔm]
giz (m)	craie (f)	[krɛ]
estojo (m)	plumier (m)	[plymje]
pasta (f) escolar	cartable (m)	[kartabl]
caneta (f)	stylo (m)	[stilo]
caderno (m)	cahier (m)	[kaje]
manual (m) escolar	manuel (m)	[manɥɛl]
compasso (m)	compas (m)	[kɔ̃pa]
traçar (vt)	dessiner (vt)	[desine]
desenho (m) técnico	dessin (m) technique	[desɛ̃ tɛknik]
poesia (f)	poésie (f)	[pɔezi]
de cor	par cœur (adv)	[par kœr]
aprender de cor	apprendre par cœur	[aprɑ̃dr par kœr]
férias (f pl)	vacances (f pl)	[vakɑ̃s]
estar de férias	être en vacances	[ɛtr ɑ̃ vakɑ̃s]
passar as férias	passer les vacances	[pɑse le vakɑ̃s]
teste (m)	interrogation (f) écrite	[ɛ̃terɔgasjɔ̃ ekrit]
composição, redação (f)	composition (f)	[kɔ̃pozisjɔ̃]
ditado (m)	dictée (f)	[dikte]
exame (m)	examen (m)	[ɛgzamɛ̃]
fazer exame	passer les examens	[pɑse lezɛgzamɛ̃]
experiência (~ química)	expérience (f)	[ɛksperjɑ̃s]

95. Colégio. Universidade

academia (f)	académie (f)	[akademi]
universidade (f)	université (f)	[ynivɛrsite]
faculdade (f)	faculté (f)	[fakylte]
estudante (m)	étudiant (m)	[etydjɑ̃]
estudante (f)	étudiante (f)	[etydjɑ̃t]
professor (m)	enseignant (m)	[ɑ̃sɛɲɑ̃]
sala (f) de palestras	salle (f)	[sal]
graduado (m)	licencié (m)	[lisɑ̃sje]
diploma (m)	diplôme (m)	[diplom]
tese (f)	thèse (f)	[tɛz]
estudo (obra)	étude (f)	[etyd]
laboratório (m)	laboratoire (m)	[labɔratwar]
palestra (f)	cours (m)	[kur]
colega (m) de curso	camarade (m) de cours	[kamarad də kur]
bolsa (f) de estudos	bourse (f)	[burs]
grau (m) académico	grade (m) universitaire	[grad ynivɛrsitɛr]

96. Ciências. Disciplinas

matemática (f)	mathématiques (f pl)	[matematik]
álgebra (f)	algebre (f)	[alʒɛbr]
geometria (f)	géométrie (f)	[ʒeɔmetri]
astronomia (f)	astronomie (f)	[astrɔnɔmi]
biologia (f)	biologie (f)	[bjɔlɔʒi]
geografia (f)	géographie (f)	[ʒeɔgrafi]
geologia (f)	géologie (f)	[ʒeɔlɔʒi]
história (f)	histoire (f)	[istwar]
medicina (f)	médecine (f)	[medsin]
pedagogia (f)	pédagogie (f)	[pedagɔʒi]
direito (m)	droit (m)	[drwa]
física (f)	physique (f)	[fizik]
química (f)	chimie (f)	[ʃimi]
filosofia (f)	philosophie (f)	[filɔzɔfi]
psicologia (f)	psychologie (f)	[psikɔlɔʒi]

97. Sistema de escrita. Ortografia

gramática (f)	grammaire (f)	[gramɛr]
vocabulário (m)	vocabulaire (m)	[vɔkabylɛr]
fonética (f)	phonétique (f)	[fɔnetik]
substantivo (m)	nom (m)	[nõ]
adjetivo (m)	adjectif (m)	[adʒɛktif]
verbo (m)	verbe (m)	[vɛrb]
advérbio (m)	adverbe (m)	[advɛrb]
pronome (m)	pronom (m)	[prɔnõ]
interjeição (f)	interjection (f)	[ɛ̃tɛrʒɛksjõ]
preposição (f)	préposition (f)	[prepozisjõ]
raiz (f) da palavra	racine (f)	[rasin]
terminação (f)	terminaison (f)	[tɛrminɛzõ]
prefixo (m)	préfixe (m)	[prefiks]
sílaba (f)	syllabe (f)	[silab]
sufixo (m)	suffixe (m)	[syfiks]
acento (m)	accent (m) tonique	[aksã tɔnik]
apóstrofo (m)	apostrophe (f)	[apɔstrɔf]
ponto (m)	point (m)	[pwɛ̃]
vírgula (f)	virgule (f)	[virgyl]
ponto e vírgula (m)	point (m) virgule	[pwɛ̃ virgyl]
dois pontos (m pl)	deux-points (m)	[døpwɛ̃]
reticências (f pl)	points (m pl) de suspension	[pwɛ̃ də syspɑ̃sjõ]
ponto (m) de interrogação	point (m) d'interrogation	[pwɛ̃ dɛ̃terɔgasjõ]
ponto (m) de exclamação	point (m) d'exclamation	[pwɛ̃ dɛksklamasjõ]

aspas (f pl)	guillemets (m pl)	[gijmɛ]
entre aspas	entre guillemets	[ɑ̃tr gijmɛ]
parênteses (m pl)	parenthèses (f pl)	[parɑ̃tɛz]
entre parênteses	entre parenthèses	[ɑ̃tr parɑ̃tɛz]
hífen (m)	trait (m) d'union	[trɛ dynjɔ̃]
travessão (m)	tiret (m)	[tire]
espaço (m)	blanc (m)	[blɑ̃]
letra (f)	lettre (f)	[lɛtr]
letra (f) maiúscula	majuscule (f)	[maʒyskyl]
vogal (f)	voyelle (f)	[vwajɛl]
consoante (f)	consonne (f)	[kɔ̃sɔn]
frase (f)	proposition (f)	[prɔpozisjɔ̃]
sujeito (m)	sujet (m)	[syʒɛ]
predicado (m)	prédicat (m)	[predika]
linha (f)	ligne (f)	[liɲ]
em uma nova linha	à la ligne	[alaliɲ]
parágrafo (m)	paragraphe (m)	[paragraf]
palavra (f)	mot (m)	[mo]
grupo (m) de palavras	groupe (m) de mots	[grup də mo]
expressão (f)	expression (f)	[ɛkspresjɔ̃]
sinónimo (m)	synonyme (m)	[sinɔnim]
antónimo (m)	antonyme (m)	[ɑ̃tɔnim]
regra (f)	règle (f)	[rɛgl]
exceção (f)	exception (f)	[ɛksɛpsjɔ̃]
correto	correct (adj)	[kɔrɛkt]
conjugação (f)	conjugaison (f)	[kɔ̃ʒygɛzɔ̃]
declinação (f)	déclinaison (f)	[deklinɛzɔ̃]
caso (m)	cas (m)	[ka]
pergunta (f)	question (f)	[kɛstjɔ̃]
sublinhar (vt)	souligner (vt)	[suliɲe]
linha (f) pontilhada	pointillé (m)	[pwɛ̃tije]

98. Línguas estrangeiras

língua (f)	langue (f)	[lɑ̃g]
língua (f) estrangeira	langue (f) étrangère	[lɑ̃g etrɑ̃ʒɛr]
estudar (vt)	étudier (vt)	[etydje]
aprender (vt)	apprendre (vt)	[aprɑ̃dr]
ler (vt)	lire (vi, vt)	[lir]
falar (vi)	parler (vi)	[parle]
compreender (vt)	comprendre (vt)	[kɔ̃prɑ̃dr]
escrever (vt)	écrire (vt)	[ekrir]
rapidamente	vite (adv)	[vit]
devagar	lentement (adv)	[lɑ̃tmɑ̃]

fluentemente	couramment (adv)	[kuramã]
regras (f pl)	règles (f pl)	[rɛgl]
gramática (f)	grammaire (f)	[gramɛr]
vocabulário (m)	vocabulaire (m)	[vɔkabylɛr]
fonética (f)	phonétique (f)	[fɔnetik]
manual (m) escolar	manuel (m)	[manɥɛl]
dicionário (m)	dictionnaire (m)	[diksjɔnɛr]
manual (m) de autoaprendizagem	manuel (m) autodidacte	[manɥɛl otodidakt]
guia (m) de conversação	guide (m) de conversation	[gid də kɔ̃vɛrsasjɔ̃]
cassete (f)	cassette (f)	[kasɛt]
vídeo cassete (m)	cassette (f) vidéo	[kasɛt video]
CD (m)	CD (m)	[sede]
DVD (m)	DVD (m)	[devede]
alfabeto (m)	alphabet (m)	[alfabɛ]
soletrar (vt)	épeler (vt)	[eple]
pronúncia (f)	prononciation (f)	[prɔnɔ̃sjasjɔ̃]
sotaque (m)	accent (m)	[aksã]
com sotaque	avec un accent	[avɛk œn aksã]
sem sotaque	sans accent	[sã zaksã]
palavra (f)	mot (m)	[mo]
sentido (m)	sens (m)	[sãs]
cursos (m pl)	cours (m pl)	[kur]
inscrever-se (vr)	s'inscrire (vp)	[sɛ̃skrir]
professor (m)	professeur (m)	[prɔfɛsœr]
tradução (processo)	traduction (f)	[tradyksjɔ̃]
tradução (texto)	traduction (f)	[tradyksjɔ̃]
tradutor (m)	traducteur (m)	[tradyktœr]
intérprete (m)	interprète (m)	[ɛ̃tɛrprɛt]
poliglota (m)	polyglotte (m)	[pɔliglɔt]
memória (f)	mémoire (f)	[memwar]

Descanso. Entretenimento. Viagens

99. Viagens

turismo (m)	tourisme (m)	[turism]
turista (m)	touriste (m)	[turist]
viagem (f)	voyage (m)	[vwajaʒ]
aventura (f)	aventure (f)	[avɑ̃tyr]
viagem (f)	voyage (m)	[vwajaʒ]
férias (f pl)	vacances (f pl)	[vakɑ̃s]
estar de férias	être en vacances	[εtr ɑ̃ vakɑ̃s]
descanso (m)	repos (m)	[rəpo]
comboio (m)	train (m)	[trɛ̃]
de comboio (chegar ~)	en train	[ɑ̃ trɛ̃]
avião (m)	avion (m)	[avjɔ̃]
de avião	en avion	[ɑn avjɔ̃]
de carro	en voiture	[ɑ̃ vwatyr]
de navio	en bateau	[ɑ̃ bato]
bagagem (f)	bagage (m)	[bagaʒ]
mala (f)	malle (f)	[mal]
carrinho (m)	chariot (m)	[ʃarjo]
passaporte (m)	passeport (m)	[pɑspɔr]
visto (m)	visa (m)	[viza]
bilhete (m)	ticket (m)	[tikε]
bilhete (m) de avião	billet (m) d'avion	[bijε davjɔ̃]
guia (m) de viagem	guide (m)	[gid]
mapa (m)	carte (f)	[kart]
local (m), area (f)	région (f)	[reʒjɔ̃]
lugar, sítio (m)	endroit (m)	[ɑ̃drwa]
exotismo (m)	exotisme (m)	[εgzɔtism]
exótico	exotique (adj)	[εgzɔtik]
surpreendente	étonnant (adj)	[etɔnɑ̃]
grupo (m)	groupe (m)	[grup]
excursão (f)	excursion (f)	[εkskyrsjɔ̃]
guia (m)	guide (m)	[gid]

100. Hotel

hotel (m)	hôtel (m)	[otεl]
motel (m)	motel (m)	[motεl]
três estrelas	3 étoiles	[trwa zetwal]

cinco estrelas	5 étoiles	[sɛ̃k etwal]
ficar (~ num hotel)	descendre (vi)	[desɑ̃dr]
quarto (m)	chambre (f)	[ʃɑ̃br]
quarto (m) individual	chambre (f) simple	[ʃɑ̃br sɛ̃pl]
quarto (m) duplo	chambre (f) double	[ʃɑ̃br dubl]
reservar um quarto	réserver une chambre	[rezɛrve yn ʃɑ̃br]
meia pensão (f)	demi-pension (f)	[dəmipɑ̃sjɔ̃]
pensão (f) completa	pension (f) complète	[pɑ̃sjɔ̃ kɔ̃plɛt]
com banheira	avec une salle de bain	[avɛk yn saldəbɛ̃]
com duche	avec une douche	[avɛk yn duʃ]
televisão (m) satélite	télévision (f) par satellite	[televizjɔ̃ par satelit]
ar (m) condicionado	climatiseur (m)	[klimatizœr]
toalha (f)	serviette (f)	[sɛrvjɛt]
chave (f)	clé, clef (f)	[kle]
administrador (m)	administrateur (m)	[administratœr]
camareira (f)	femme (f) de chambre	[fam də ʃɑ̃br]
bagageiro (m)	porteur (m)	[pɔrtœr]
porteiro (m)	portier (m)	[pɔrtje]
restaurante (m)	restaurant (m)	[rɛstɔrɑ̃]
bar (m)	bar (m)	[bar]
pequeno-almoço (m)	petit déjeuner (m)	[pəti deʒœne]
jantar (m)	dîner (m)	[dine]
buffet (m)	buffet (m)	[byfɛ]
hall (m) de entrada	hall (m)	[ol]
elevador (m)	ascenseur (m)	[asɑ̃sœr]
NÃO PERTURBE	PRIÈRE DE NE PAS DÉRANGER	[prijɛr dənəpa derɑ̃ʒe]
PROIBIDO FUMAR!	DÉFENSE DE FUMER	[defɑ̃s də fyme]

EQUIPAMENTO TÉCNICO. TRANSPORTES

Equipamento técnico. Transportes

101. Computador

computador (m)	ordinateur (m)	[ɔrdinatœr]
portátil (m)	PC (m) portable	[pese pɔrtabl]
ligar (vt)	allumer (vt)	[alyme]
desligar (vt)	éteindre (vt)	[etɛ̃dr]
teclado (m)	clavier (m)	[klavje]
tecla (f)	touche (f)	[tuʃ]
rato (m)	souris (f)	[suri]
tapete (m) de rato	tapis (m) de souris	[tapi də suri]
botão (m)	bouton (m)	[butɔ̃]
cursor (m)	curseur (m)	[kyrsœr]
monitor (m)	moniteur (m)	[mɔnitœr]
ecrã (m)	écran (m)	[ekrɑ̃]
disco (m) rígido	disque (m) dur	[disk dyr]
capacidade (f) do disco rígido	capacité (f) du disque dur	[kapasite dy disk dyr]
memória (f)	mémoire (f)	[memwar]
memória RAM (f)	mémoire (f) vive	[memwar viv]
ficheiro (m)	fichier (m)	[fiʃje]
pasta (f)	dossier (m)	[dosje]
abrir (vt)	ouvrir (vt)	[uvrir]
fechar (vt)	fermer (vt)	[fɛrme]
guardar (vt)	sauvegarder (vt)	[sovgarde]
apagar, eliminar (vt)	supprimer (vt)	[syprime]
copiar (vt)	copier (vt)	[kɔpje]
ordenar (vt)	trier (vt)	[trije]
copiar (vt)	copier (vt)	[kɔpje]
programa (m)	programme (m)	[prɔgram]
software (m)	logiciel (m)	[lɔʒisjɛl]
programador (m)	programmeur (m)	[prɔgramœr]
programar (vt)	programmer (vt)	[prɔgrame]
hacker (m)	hacker (m)	[akeːr]
senha (f)	mot (m) de passe	[mo də pas]
vírus (m)	virus (m)	[virys]
detetar (vt)	découvrir (vt)	[dekuvrir]
byte (m)	bit (m)	[bit]

megabyte (m)	mégabit (m)	[megabit]
dados (m pl)	données (f pl)	[dɔne]
base (f) de dados	base (f) de données	[baz də dɔne]
cabo (m)	câble (m)	[kabl]
desconectar (vt)	déconnecter (vt)	[dekɔnɛkte]
conetar (vt)	connecter (vt)	[kɔnɛkte]

102. Internet. E-mail

internet (f)	Internet (m)	[ɛ̃tɛrnɛt]
browser (m)	navigateur (m)	[navigatœr]
motor (m) de busca	moteur (m) de recherche	[motœr də rəʃɛrʃ]
provedor (m)	fournisseur (m) d'accès	[furnisœr daksɛ]
webmaster (m)	administrateur (m) de site	[administratœr də sit]
website, sítio web (m)	site (m) web	[sit wɛb]
página (f) web	page (f) web	[paʒ wɛb]
endereço (m)	adresse (f)	[adrɛs]
livro (m) de endereços	carnet (m) d'adresses	[karnɛ dadrɛs]
caixa (f) de correio	boîte (f) de réception	[bwat də resɛpsjɔ̃]
correio (m)	courrier (m)	[kurje]
mensagem (f)	message (m)	[mesaʒ]
mensagens (f pl) recebidas	messages (pl) entrants	[mesaʒ ɑ̃trɑ̃]
mensagens (f pl) enviadas	messages (pl) sortants	[mesaʒ sɔrtɑ̃]
remetente (m)	expéditeur (m)	[ɛkspeditœr]
enviar (vt)	envoyer (vt)	[ɑ̃vwaje]
envio (m)	envoi (m)	[ɑ̃vwa]
destinatário (m)	destinataire (m)	[dɛstinatɛr]
receber (vt)	recevoir (vt)	[rəsəvwar]
correspondência (f)	correspondance (f)	[kɔrɛspɔ̃dɑ̃s]
corresponder-se (vr)	être en correspondance	[ɛtr ɑ̃ kɔrɛspɔ̃dɑ̃s]
ficheiro (m)	fichier (m)	[fiʃje]
fazer download, baixar	télécharger (vt)	[teleʃarʒe]
criar (vt)	créer (vt)	[kree]
apagar, eliminar (vt)	supprimer (vt)	[syprime]
eliminado	supprimé (adj)	[syprime]
conexão (f)	connexion (f)	[kɔnɛksjɔ̃]
velocidade (f)	vitesse (f)	[vitɛs]
modem (m)	modem (m)	[mɔdɛm]
acesso (m)	accès (m)	[aksɛ]
porta (f)	port (m)	[pɔr]
conexão (f)	connexion (f)	[kɔnɛksjɔ̃]
conetar (vi)	se connecter à …	[sə kɔnɛkte a]
escolher (vt)	sélectionner (vt)	[selɛksjɔne]
buscar (vt)	rechercher (vt)	[rəʃɛrʃe]

103. Eletricidade

eletricidade (f)	électricité (f)	[elɛktrisite]
elétrico	électrique (adj)	[elɛktrik]
central (f) elétrica	centrale (f) électrique	[sɑ̃tral elɛktrik]
energia (f)	énergie (f)	[enɛrʒi]
energia (f) elétrica	énergie (f) électrique	[enɛrʒi elɛktrik]
lâmpada (f)	ampoule (f)	[ɑ̃pul]
lanterna (f)	torche (f)	[tɔrʃ]
poste (m) de iluminação	réverbère (m)	[revɛrbɛr]
luz (f)	lumière (f)	[lymjɛr]
ligar (vt)	allumer (vt)	[alyme]
desligar (vt)	éteindre (vt)	[etɛ̃dr]
apagar a luz	éteindre la lumière	[etɛ̃dr la lymjɛr]
fundir (vi)	être grillé	[ɛtr grije]
curto-circuito (m)	court-circuit (m)	[kursirkɥi]
rutura (f)	rupture (f)	[ryptyr]
contacto (m)	contact (m)	[kɔ̃takt]
interruptor (m)	interrupteur (m)	[ɛ̃teryptœr]
tomada (f)	prise (f)	[priz]
ficha (f)	fiche (f)	[fiʃ]
extensão (f)	rallonge (f)	[ralɔ̃ʒ]
fusível (m)	fusible (m)	[fyzibl]
fio, cabo (m)	fil (m)	[fil]
instalação (f) elétrica	installation (f) électrique	[ɛ̃stalasjɔ̃ elɛktrik]
ampere (m)	ampère (m)	[ɑ̃pɛr]
amperagem (f)	intensité (f) du courant	[ɛ̃tɑ̃site dy kurɑ̃]
volt (m)	volt (m)	[vɔlt]
voltagem (f)	tension (f)	[tɑ̃sjɔ̃]
aparelho (m) elétrico	appareil (m) électrique	[aparɛj elɛktrik]
indicador (m)	indicateur (m)	[ɛ̃dikatœr]
eletricista (m)	électricien (m)	[elɛktrisjɛ̃]
soldar (vt)	souder (vt)	[sude]
ferro (m) de soldar	fer (m) à souder	[fɛr asude]
corrente (f) elétrica	courant (m)	[kurɑ̃]

104. Ferramentas

ferramenta (f)	outil (m)	[uti]
ferramentas (f pl)	outils (m pl)	[uti]
equipamento (m)	équipement (m)	[ekipmɑ̃]
martelo (m)	marteau (m)	[marto]
chave (f) de fendas	tournevis (m)	[turnevis]
machado (m)	hache (f)	[aʃ]

serra (f)	scie (f)	[si]
serrar (vt)	scier (vt)	[sje]
plaina (f)	rabot (m)	[rabo]
aplainar (vt)	raboter (vt)	[rabote]
ferro (m) de soldar	fer (m) à souder	[fɛr asude]
soldar (vt)	souder (vt)	[sude]
lima (f)	lime (f)	[lim]
tenaz (f)	tenailles (f pl)	[tənɑj]
alicate (m)	pince (f) plate	[pɛ̃s plat]
formão (m)	ciseau (m)	[sizo]
broca (f)	foret (m)	[fɔrɛ]
berbequim (f)	perceuse (f)	[pɛrsøz]
furar (vt)	percer (vt)	[pɛrse]
faca (f)	couteau (m)	[kuto]
lâmina (f)	lame (f)	[lam]
afiado	bien affilé (adj)	[bjɛn afile]
cego	émoussé (adj)	[emuse]
embotar-se (vr)	s'émousser (vp)	[semuse]
afiar, amolar (vt)	affiler (vt)	[afile]
parafuso (m)	boulon (m)	[bulɔ̃]
porca (f)	écrou (m)	[ekru]
rosca (f)	filetage (m)	[filtaʒ]
parafuso (m) para madeira	vis (f) à bois	[vi za bwa]
prego (m)	clou (m)	[klu]
cabeça (f) do prego	tête (f) de clou	[tɛt də klu]
régua (f)	règle (f)	[rɛgl]
fita (f) métrica	mètre (m) à ruban	[mɛtr ɑ rybɑ̃]
nível (m)	niveau (m) à bulle	[nivo ɑ byl]
lupa (f)	loupe (f)	[lup]
medidor (m)	appareil (m) de mesure	[aparɛj də məzyr]
medir (vt)	mesurer (vt)	[məzyre]
escala (f)	échelle (f)	[eʃɛl]
indicação (f), registo (m)	relevé (m)	[rəlve]
compressor (m)	compresseur (m)	[kɔ̃prɛsœr]
microscópio (m)	microscope (m)	[mikrɔskɔp]
bomba (f)	pompe (f)	[pɔ̃p]
robô (m)	robot (m)	[rɔbo]
laser (m)	laser (m)	[lazɛr]
chave (f) de boca	clé (f) de serrage	[kle də seraʒ]
fita (f) adesiva	ruban (m) adhésif	[rybɑ̃ adezif]
cola (f)	colle (f)	[kɔl]
lixa (f)	papier (m) d'émeri	[papje dɛmri]
mola (f)	ressort (m)	[rəsɔr]
íman (m)	aimant (m)	[ɛmɑ̃]

luvas (f pl)	gants (m pl)	[gɑ̃]
corda (f)	corde (f)	[kɔrd]
cordel (m)	cordon (m)	[kɔrdɔ̃]
fio (m)	fil (m)	[fil]
cabo (m)	câble (m)	[kabl]
marreta (f)	masse (f)	[mas]
pé de cabra (m)	pic (m)	[pik]
escada (f) de mão	escabeau (m)	[ɛskabo]
escadote (m)	échelle (f) double	[eʃɛl dubl]
enroscar (vt)	visser (vt)	[vise]
desenroscar (vt)	dévisser (vt)	[devise]
apertar (vt)	serrer (vt)	[sere]
colar (vt)	coller (vt)	[kɔle]
cortar (vt)	couper (vt)	[kupe]
falha (mau funcionamento)	défaut (m)	[defo]
conserto (m)	réparation (f)	[reparasjɔ̃]
consertar, reparar (vt)	réparer (vt)	[repare]
regular, ajustar (vt)	régler (vt)	[regle]
verificar (vt)	vérifier (vt)	[verifje]
verificação (f)	vérification (f)	[verifikasjɔ̃]
indicação (f), registo (m)	relevé (m)	[rəlve]
seguro	fiable (adj)	[fjabl]
complicado	complexe (adj)	[kɔ̃plɛks]
enferrujar (vi)	rouiller (vi)	[ruje]
enferrujado	rouillé (adj)	[ruje]
ferrugem (f)	rouille (f)	[ruj]

Transportes

105. Avião

avião (m)	avion (m)	[avjɔ̃]
bilhete (m) de avião	billet (m) d'avion	[bijɛ davjɔ̃]
companhia (f) aérea	compagnie (f) aérienne	[kɔ̃paɲi aerjɛn]
aeroporto (m)	aéroport (m)	[aeropɔr]
supersónico	supersonique (adj)	[sypɛrsɔnik]

comandante (m) do avião	commandant (m) de bord	[kɔmɑ̃dɑ̃ də bɔr]
tripulação (f)	équipage (m)	[ekipaʒ]
piloto (m)	pilote (m)	[pilɔt]
hospedeira (f) de bordo	hôtesse (f) de l'air	[otɛs də lɛr]
copiloto (m)	navigateur (m)	[navigatœr]

asas (f pl)	ailes (f pl)	[ɛl]
cauda (f)	queue (f)	[kø]
cabine (f) de pilotagem	cabine (f)	[kabin]
motor (m)	moteur (m)	[mɔtœr]
trem (m) de aterragem	train (m) d'atterrissage	[trɛ̃ daterisaʒ]
turbina (f)	turbine (f)	[tyrbin]

hélice (f)	hélice (f)	[elis]
caixa-preta (f)	boîte (f) noire	[bwat nwar]
coluna (f) de controlo	gouvernail (m)	[guvɛrnaj]
combustível (m)	carburant (m)	[karbyrɑ̃]

instruções (f pl) de segurança	consigne (f) de sécurité	[kɔ̃siɲ də sekyrite]
máscara (f) de oxigénio	masque (m) à oxygène	[mask a ɔksiʒɛn]
uniforme (m)	uniforme (m)	[ynifɔrm]

colete (m) salva-vidas	gilet (m) de sauvetage	[ʒilɛ də sovtaʒ]
paraquedas (m)	parachute (m)	[paraʃyt]

descolagem (f)	décollage (m)	[dekɔlaʒ]
descolar (vi)	décoller (vi)	[dekɔle]
pista (f) de descolagem	piste (f) de décollage	[pist dekɔlaʒ]

visibilidade (f)	visibilité (f)	[vizibilite]
voo (m)	vol (m)	[vɔl]

altura (f)	altitude (f)	[altityd]
poço (m) de ar	trou (m) d'air	[tru dɛr]

assento (m)	place (f)	[plas]
auscultadores (m pl)	écouteurs (m pl)	[ekutœr]
mesa (f) rebatível	tablette (f)	[tablɛt]
vigia (f)	hublot (m)	[yblo]
passagem (f)	couloir (m)	[kulwar]

106. Comboio

comboio (m)	train (m)	[trɛ̃]
comboio (m) suburbano	train (m) de banlieue	[trɛ̃ də bɑ̃ljø]
comboio (m) rápido	TGV (m)	[teʒeve]
locomotiva (f) diesel	locomotive (f) diesel	[lɔkɔmɔtiv djezɛl]
locomotiva (f) a vapor	locomotive (f) à vapeur	[lɔkɔmɔtiv a vapœr]
carruagem (f)	wagon (m)	[vagɔ̃]
carruagem restaurante (f)	wagon-restaurant (m)	[vagɔ̃rɛstɔrɑ̃]
carris (m pl)	rails (m pl)	[raj]
caminho de ferro (m)	chemin (m) de fer	[ʃəmɛ̃ də fɛr]
travessa (f)	traverse (f)	[travɛrs]
plataforma (f)	quai (m)	[kɛ]
linha (f)	voie (f)	[vwa]
semáforo (m)	sémaphore (m)	[semafɔr]
estação (f)	station (f)	[stasjɔ̃]
maquinista (m)	conducteur (m) de train	[kɔ̃dyktœr də trɛ̃]
bagageiro (m)	porteur (m)	[pɔrtœr]
hospedeiro, -a (da carruagem)	steward (m)	[stiwart]
passageiro (m)	passager (m)	[pɑsaʒe]
revisor (m)	contrôleur (m)	[kɔ̃trolœr]
corredor (m)	couloir (m)	[kulwar]
freio (m) de emergência	frein (m) d'urgence	[frɛ̃ dyrʒɑ̃s]
compartimento (m)	compartiment (m)	[kɔ̃partimɑ̃]
cama (f)	couchette (f)	[kuʃɛt]
cama (f) de cima	couchette (f) d'en haut	[kuʃɛt dɛ̃ o]
cama (f) de baixo	couchette (f) d'en bas	[kuʃɛt dɛ̃ba]
roupa (f) de cama	linge (m) de lit	[lɛ̃ʒ də li]
bilhete (m)	ticket (m)	[tikɛ]
horário (m)	horaire (m)	[ɔrɛr]
painel (m) de informação	tableau (m) d'informations	[tablo dɛ̃fɔrmasjɔ̃]
partir (vt)	partir (vi)	[partir]
partida (f)	départ (m)	[depar]
chegar (vi)	arriver (vi)	[arive]
chegada (f)	arrivée (f)	[arive]
chegar de comboio	arriver en train	[arive ɑ̃ trɛ̃]
apanhar o comboio	prendre le train	[prɑ̃dr lə trɛ̃]
sair do comboio	descendre du train	[desɑ̃dr dy trɛ̃]
acidente (m) ferroviário	accident (m) ferroviaire	[aksidɑ̃ ferɔvjɛr]
descarrilar (vi)	dérailler (vi)	[deraje]
locomotiva (f) a vapor	locomotive (f) à vapeur	[lɔkɔmɔtiv a vapœr]
fogueiro (m)	chauffeur (m)	[ʃofœr]
fornalha (f)	chauffe (f)	[ʃof]
carvão (m)	charbon (m)	[ʃarbɔ̃]

107. Barco

navio (m)	bateau (m)	[bato]
embarcação (f)	navire (m)	[navir]

vapor (m)	bateau (m) à vapeur	[bato a vapœr]
navio (m)	paquebot (m)	[pakbo]
transatlântico (m)	bateau (m) de croisière	[bato də krwazjɛr]
cruzador (m)	croiseur (m)	[krwazœr]

iate (m)	yacht (m)	[jot]
rebocador (m)	remorqueur (m)	[rəmɔrkœr]
barcaça (f)	péniche (f)	[peniʃ]
ferry (m)	ferry (m)	[feri]

veleiro (m)	voilier (m)	[vwalje]
bergantim (m)	brigantin (m)	[brigɑ̃tɛ̃]

quebra-gelo (m)	brise-glace (m)	[brizglas]
submarino (m)	sous-marin (m)	[sumarɛ̃]

bote, barco (m)	canot (m) à rames	[kano a ram]
bote, dingue (m)	dinghy (m)	[diŋgi]
bote (m) salva-vidas	canot (m) de sauvetage	[kano də sovtaʒ]
lancha (f)	canot (m) à moteur	[kano a motœr]

capitão (m)	capitaine (m)	[kapitɛn]
marinheiro (m)	matelot (m)	[matlo]
marujo (m)	marin (m)	[marɛ̃]
tripulação (f)	équipage (m)	[ekipaʒ]

contramestre (m)	maître (m) d'équipage	[mɛtr dekipaʒ]
grumete (m)	mousse (m)	[mus]
cozinheiro (m) de bordo	cuisinier (m) du bord	[kɥizinje dy bɔr]
médico (m) de bordo	médecin (m) de bord	[medsɛ̃ də bɔr]

convés (m)	pont (m)	[pɔ̃]
mastro (m)	mât (m)	[mɑ]
vela (f)	voile (f)	[vwal]

porão (m)	cale (f)	[kal]
proa (f)	proue (f)	[pru]
popa (f)	poupe (f)	[pup]
remo (m)	rame (f)	[ram]
hélice (f)	hélice (f)	[elis]

camarote (m)	cabine (f)	[kabin]
sala (f) dos oficiais	carré (m) des officiers	[kare dezɔfisje]
sala (f) das máquinas	salle (f) des machines	[sal də maʃin]
ponte (m) de comando	passerelle (f)	[pasrɛl]
sala (f) de comunicações	cabine (f) de T.S.F.	[kabin də teɛsɛf]
onda (f) de rádio	onde (f)	[ɔ̃d]
diário (m) de bordo	journal (m) de bord	[ʒurnal də bɔr]
luneta (f)	longue-vue (f)	[lɔ̃gvy]
sino (m)	cloche (f)	[klɔʃ]

bandeira (f)	pavillon (m)	[pavijɔ̃]
cabo (m)	grosse corde (f) tressée	[gros kɔrd trese]
nó (m)	nœud (m) marin	[nø marɛ̃]
corrimão (m)	rampe (f)	[rɑ̃p]
prancha (f) de embarque	passerelle (f)	[pasrɛl]
âncora (f)	ancre (f)	[ɑ̃kr]
recolher a âncora	lever l'ancre	[ləve lɑ̃kr]
lançar a âncora	jeter l'ancre	[ʒəte lɑ̃kr]
amarra (f)	chaîne (f) d'ancrage	[ʃɛn dɑ̃kraʒ]
porto (m)	port (m)	[pɔr]
cais, amarradouro (m)	embarcadère (m)	[ɑ̃barkadɛr]
atracar (vi)	accoster (vi)	[akɔste]
desatracar (vi)	larguer les amarres	[large lezamar]
viagem (f)	voyage (m)	[vwajaʒ]
cruzeiro (m)	croisière (f)	[krwazjɛr]
rumo (m), rota (f)	cap (m)	[kap]
itinerário (m)	itinéraire (m)	[itinerɛr]
canal (m) navegável	chenal (m)	[ʃənal]
banco (m) de areia	bas-fond (m)	[bafɔ̃]
encalhar (vt)	échouer sur un bas-fond	[eʃwe syr œ̃ bafɔ̃]
tempestade (f)	tempête (f)	[tɑ̃pɛt]
sinal (m)	signal (m)	[siɲal]
afundar-se (vr)	sombrer (vi)	[sɔ̃bre]
Homem ao mar!	Un homme à la mer!	[ynɔm alamɛr]
SOS	SOS (m)	[ɛsoɛs]
boia (f) salva-vidas	bouée (f) de sauvetage	[bwe də sovtaʒ]

108. Aeroporto

aeroporto (m)	aéroport (m)	[aeropɔr]
avião (m)	avion (m)	[avjɔ̃]
companhia (f) aérea	compagnie (f) aérienne	[kɔ̃paɲi aerjɛn]
controlador (m) de tráfego aéreo	contrôleur (m) aérien	[kɔ̃trolœr aerjɛ̃]
partida (f)	départ (m)	[depar]
chegada (f)	arrivée (f)	[arive]
chegar (~ de avião)	arriver (vi)	[arive]
hora (f) de partida	temps (m) de départ	[tɑ̃ də depar]
hora (f) de chegada	temps (m) d'arrivée	[tɑ̃ darive]
estar atrasado	être retardé	[ɛtr rətarde]
atraso (m) de voo	retard (m) de l'avion	[rətar də lavjɔ̃]
painel (m) de informação	tableau (m) d'informations	[tablo dɛ̃formasjɔ̃]
informação (f)	information (f)	[ɛ̃formasjɔ̃]
anunciar (vt)	annoncer (vt)	[anɔ̃se]

voo (m)	vol (m)	[vɔl]
alfândega (f)	douane (f)	[dwan]
funcionário (m) da alfândega	douanier (m)	[dwanje]
declaração (f) alfandegária	déclaration (f) de douane	[deklarasjɔ̃ də dwan]
preencher (vt)	remplir (vt)	[rãplir]
preencher a declaração	remplir la déclaration	[rãplir la deklarasjɔ̃]
controlo (m) de passaportes	contrôle (m) de passeport	[kɔ̃trol də paspɔr]
bagagem (f)	bagage (m)	[bagaʒ]
bagagem (f) de mão	bagage (m) à main	[bagaʒ a mɛ̃]
carrinho (m)	chariot (m)	[ʃarjo]
aterragem (f)	atterrissage (m)	[aterisaʒ]
pista (f) de aterragem	piste (f) d'atterrissage	[pist daterisaʒ]
aterrar (vi)	atterrir (vi)	[aterir]
escada (f) de avião	escalier (m) d'avion	[ɛskalje davjɔ̃]
check-in (m)	enregistrement (m)	[ɑ̃rəʒistrəmɑ̃]
balcão (m) do check-in	comptoir (m) d'enregistrement	[kɔ̃twar dɑ̃rəʒistrəmɑ̃]
fazer o check-in	s'enregistrer (vp)	[sɑ̃rəʒistre]
cartão (m) de embarque	carte (f) d'embarquement	[kart dɑ̃barkəmɑ̃]
porta (f) de embarque	porte (f) d'embarquement	[pɔrt dɑ̃barkəmɑ̃]
trânsito (m)	transit (m)	[trɑ̃zit]
esperar (vi, vt)	attendre (vt)	[atɑ̃dr]
sala (f) de espera	salle (f) d'attente	[sal datɑ̃t]
despedir-se de …	raccompagner (vt)	[rakɔ̃paɲe]
despedir-se (vr)	dire au revoir	[dir ərəvwar]

Eventos

109. Férias. Evento

festa (f)	fête (f)	[fɛt]
festa (f) nacional	fête (f) nationale	[fɛt nasjɔnal]
feriado (m)	jour (m) férié	[ʒur ferje]
festejar (vt)	célébrer (vt)	[selebre]

evento (festa, etc.)	événement (m)	[evɛnmã]
evento (banquete, etc.)	événement (m)	[evɛnmã]
banquete (m)	banquet (m)	[bãkɛ]
receção (f)	réception (f)	[resɛpsjɔ̃]
festim (m)	festin (m)	[fɛstɛ̃]

aniversário (m)	anniversaire (m)	[anivɛrsɛr]
jubileu (m)	jubilé (m)	[ʒybile]
celebrar (vt)	fêter, célébrer	[fete], [selebre]

Ano (m) Novo	Nouvel An (m)	[nuvɛl ã]
Feliz Ano Novo!	Bonne année!	[bɔn ane]
Pai (m) Natal	Père Noël (m)	[pɛr nɔɛl]

Natal (m)	Noël (m)	[nɔɛl]
Feliz Natal!	Joyeux Noël!	[ʒwajø nɔɛl]
árvore (f) de Natal	arbre (m) de Noël	[arbr də nɔɛl]
fogo (m) de artifício	feux (m pl) d'artifice	[fø dartifis]

boda (f)	mariage (m)	[marjaʒ]
noivo (m)	fiancé (m)	[fijɑ̃se]
noiva (f)	fiancée (f)	[fijɑ̃se]

convidar (vt)	inviter (vt)	[ɛ̃vite]
convite (m)	lettre (f) d'invitation	[lɛtr dɛ̃vitasjɔ̃]

convidado (m)	invité (m)	[ɛ̃vite]
visitar (vt)	visiter (vt)	[vizite]
receber os hóspedes	accueillir les invités	[akœjir lezɛ̃vite]

presente (m)	cadeau (m)	[kado]
oferecer (vt)	offrir (vt)	[ɔfrir]
receber presentes	recevoir des cadeaux	[rəsəvwar de kado]
ramo (m) de flores	bouquet (m)	[bukɛ]

felicitações (f pl)	félicitations (f pl)	[felisitasjɔ̃]
felicitar (dar os parabéns)	féliciter (vt)	[felisite]

cartão (m) de parabéns	carte (f) de veux	[kart də vœ]
enviar um postal	envoyer une carte	[ɑ̃vwaje yn kart]
receber um postal	recevoir une carte	[rəsəvwar yn kart]

brinde (m)	toast (m)	[tost]
oferecer (vt)	offrir (vt)	[ɔfrir]
champanhe (m)	champagne (m)	[ʃɑ̃paɲ]
divertir-se (vr)	s'arruser (vp)	[samyze]
diversão (f)	gaieté (f)	[gete]
alegria (f)	joie (f)	[ʒwa]
dança (f)	darse (f)	[dɑ̃s]
dançar (vi)	darser (vi, vt)	[dɑ̃se]
valsa (f)	valse (f)	[vals]
tango (m)	tango (m)	[tɑ̃go]

110. Funerais. Enterro

cemitério (m)	cimetière (m)	[simɑ̃tje]
sepultura (f), túmulo (m)	tombe (f)	[tɔ̃b]
cruz (f)	croix (f)	[krwa]
lápide (f)	pierre (f) tombale	[pjɛr tɔ̃bal]
cerca (f)	clôture (f)	[klotyr]
capela (f)	chapelle (f)	[ʃapɛl]
morte (f)	mort (f)	[mɔr]
morrer (vi)	mourir (vi)	[murir]
defunto (m)	défunt (m)	[defœ̃]
luto (m)	deuil (m)	[dœj]
enterrar, sepultar (vt)	enterrer (vt)	[ɑ̃tere]
agência (f) funerária	maison (f) funéraire	[mɛzɔ̃ fynerɛr]
funeral (m)	enterrement (m)	[ɑ̃tɛrmɑ̃]
coroa (f) de flores	couronne (f)	[kurɔn]
caixão (m)	cercueil (m)	[sɛrkœj]
carro (m) funerário	corbillard (m)	[kɔrbijar]
mortalha (f)	linceul (m)	[lɛ̃sœl]
procissão (f) funerária	cortège (m) funèbre	[kɔrtɛʒ fynɛbr]
urna (f) funerária	urne (f) funéraire	[yrn fynerɛr]
crematório (m)	crématoire (m)	[krematwar]
obituário (m), necrologia (f)	nécrologue (m)	[nekrɔlɔg]
chorar (vi)	pleurer (vi)	[plœre]
soluçar (vi)	sangloter (vi)	[sɑ̃glɔte]

111. Guerra. Soldados

pelotão (m)	section (f)	[sɛksjɔ̃]
companhia (f)	compagnie (f)	[kɔ̃paɲi]
regimento (m)	régiment (m)	[reʒimɑ̃]
exército (m)	armée (f)	[arme]
divisão (f)	division (f)	[divizjɔ̃]

destacamento (m)	détachement (m)	[detaʃmã]
hoste (f)	armée (f)	[arme]

soldado (m)	soldat (m)	[sɔlda]
oficial (m)	officier (m)	[ɔfisje]

soldado (m) raso	soldat (m)	[sɔlda]
sargento (m)	sergent (m)	[sɛrʒã]
tenente (m)	lieutenant (m)	[ljøtnã]
capitão (m)	capitaine (m)	[kapitɛn]
major (m)	commandant (m)	[kɔmãdã]
coronel (m)	colonel (m)	[kɔlɔnɛl]
general (m)	général (m)	[ʒeneral]

marujo (m)	marin (m)	[marɛ̃]
capitão (m)	capitaine (m)	[kapitɛn]
contramestre (m)	maître (m) d'équipage	[mɛtr dekipaʒ]
artilheiro (m)	artilleur (m)	[artijœr]
soldado (m) paraquedista	parachutiste (m)	[paraʃytist]
piloto (m)	pilote (m)	[pilɔt]
navegador (m)	navigateur (m)	[navigatœr]
mecânico (m)	mécanicien (m)	[mekanisjɛ̃]

sapador (m)	démineur (m)	[deminœr]
paraquedista (m)	parachutiste (m)	[paraʃytist]
explorador (m)	éclaireur (m)	[eklɛrœr]
franco-atirador (m)	tireur (m) d'élite	[tirœr delit]

patrulha (f)	patrouille (f)	[patruj]
patrulhar (vt)	patrouiller (vi)	[patruje]
sentinela (f)	sentinelle (f)	[sãtinɛl]
guerreiro (m)	guerrier (m)	[gɛrje]
patriota (m)	patriote (m)	[patrijɔt]
herói (m)	héros (m)	[ero]
heroína (f)	héroïne (f)	[erɔin]

traidor (m)	traître (m)	[trɛtr]
trair (vt)	trahir (vt)	[trair]

desertor (m)	déserteur (m)	[dezɛrtœr]
desertar (vt)	déserter (vt)	[dezɛrte]

mercenário (m)	mercenaire (m)	[mɛrsənɛr]
recruta (m)	recrue (f)	[rəkry]
voluntário (m)	volontaire (m)	[vɔlõtɛr]

morto (m)	mort (m)	[mɔr]
ferido (m)	blessé (m)	[blese]
prisioneiro (m) de guerra	prisonnier (m) de guerre	[prizɔnje də gɛr]

112. Guerra. Ações militares. Parte 1

guerra (f)	guerre (f)	[gɛr]
guerrear (vt)	faire la guerre	[fɛr la gɛr]

guerra (f) civil	guerre (f) civile	[gɛr sivil]
perfidamente	perfidement (adv)	[pɛrfidmɑ̃]
declaração (f) de guerra	déclaration (f) de guerre	[deklarasjɔ̃ də gɛr]
declarar (vt) guerra	déclarer (vt)	[deklare]
agressão (f)	agression (f)	[agrɛsjɔ̃]
atacar (vt)	attaquer (vt)	[atake]
invadir (vt)	envahir (vt)	[ɑ̃vair]
invasor (m)	envahisseur (m)	[ɑ̃vaisœr]
conquistador (m)	conquérant (m)	[kɔ̃kerɑ̃]
defesa (f)	défense (f)	[defɑ̃s]
defender (vt)	défendre (vt)	[defɑ̃dr]
defender-se (vr)	se défendre (vp)	[sə defɑ̃dr]
inimigo (m)	ennemi (m)	[ɛnmi]
adversário (m)	adversaire (m)	[advɛrsɛr]
inimigo	ennemi (adj)	[ɛnmi]
estratégia (f)	stratégie (f)	[strateʒi]
tática (f)	tactique (f)	[taktik]
ordem (f)	ordre (m)	[ɔrdr]
comando (m)	commande (f)	[kɔmɑ̃d]
ordenar (vt)	ordonner (vt)	[ɔrdɔne]
missão (f)	mission (f)	[misjɔ̃]
secreto	secret (adj)	[səkrɛ]
batalha (f)	bataille (f)	[bataj]
combate (m)	combat (m)	[kɔ̃ba]
ataque (m)	attaque (f)	[atak]
assalto (m)	assaut (m)	[aso]
assaltar (vt)	prendre d'assaut	[prɑ̃dr daso]
assédio, sítio (m)	siège (m)	[sjɛʒ]
ofensiva (f)	offensive (f)	[ɔfɑ̃siv]
passar à ofensiva	passer à l'offensive	[pase a lɔfɑ̃siv]
retirada (f)	retraite (f)	[rətrɛt]
retirar-se (vr)	faire retraite	[fɛr rətrɛt]
cerco (m)	encerclement (m)	[ɑ̃sɛrkləmɑ̃]
cercar (vt)	encercler (vt)	[ɑ̃sɛrkle]
bombardeio (m)	bombardement (m)	[bɔ̃bardəmɑ̃]
lançar uma bomba	lancer une bombe	[lɑ̃se yn bɔ̃b]
bombardear (vt)	bombarder (vt)	[bɔ̃barde]
explosão (f)	explosion (f)	[ɛksplozjɔ̃]
tiro (m)	coup (m) de feu	[ku də fø]
disparar um tiro	tirer un coup de feu	[tire œ̃ ku də fø]
tiroteio (m)	fusillade (f)	[fyzijad]
apontar para …	viser (vt)	[vize]
apontar (vt)	pointer (sur …)	[pwɛ̃te syr]

Portuguese	French	IPA
acertar (vt)	atteindre (vt)	[atɛ̃dr]
afundar (um navio)	faire sombrer	[fɛr sɔ̃bre]
brecha (f)	trou (m)	[tru]
afundar-se (vr)	sombrer (vi)	[sɔ̃bre]
frente (m)	front (m)	[frɔ̃]
evacuação (f)	évacuation (f)	[evakɥasjɔ̃]
evacuar (vt)	évacuer (vt)	[evakɥe]
trincheira (f)	tranchée (f)	[trɑ̃ʃe]
arame (m) farpado	barbelés (m pl)	[barbəle]
obstáculo (m) anticarro	barrage (m)	[baraʒ]
torre (f) de vigia	tour (f) de guet	[tur də gɛ]
hospital (m)	hôpital (m)	[ɔpital]
ferir (vt)	blesser (vt)	[blese]
ferida (f)	blessure (f)	[blesyr]
ferido (m)	blessé (m)	[blese]
ficar ferido	être blessé	[ɛtr blese]
grave (ferida ~)	grave (adj)	[grav]

113. Guerra. Ações militares. Parte 2

Portuguese	French	IPA
cativeiro (m)	captivité (f)	[kaptivite]
capturar (vt)	captiver (vt)	[kaptive]
estar em cativeiro	être prisonnier	[ɛtr prizɔnje]
ser aprisionado	être fait prisonnier	[ɛtr fɛ prizɔnje]
campo (m) de concentração	camp (m) de concentration	[kɑ̃ də kɔ̃sɑ̃trasjɔ̃]
prisioneiro (m) de guerra	prisonnier (m) de guerre	[prizɔnje də gɛr]
escapar (vi)	s'enfuir (vp)	[sɑ̃fɥir]
trair (vt)	trahir (vt)	[trair]
traidor (m)	traître (m)	[trɛtr]
traição (f)	trahison (f)	[traizɔ̃]
fuzilar, executar (vt)	fusiller (vt)	[fyzije]
fuzilamento (m)	fusillade (f)	[fyzijad]
equipamento (m)	équipement (m)	[ekipmɑ̃]
platina (f)	épaulette (f)	[epolɛt]
máscara (f) antigás	masque (m) à gaz	[mask a gaz]
rádio (m)	émetteur (m) radio	[emetœr radjo]
cifra (f), código (m)	chiffre (m)	[ʃifr]
conspiração (f)	conspiration (f)	[kɔ̃spirasjɔ̃]
senha (f)	mot (m) de passe	[mo də pɑs]
mina (f)	mine (f) terrestre	[min tɛrɛstr]
minar (vt)	miner (vt)	[mine]
campo (m) minado	champ (m) de mines	[ʃɑ̃ də min]
alarme (m) aéreo	alerte (f) aérienne	[alɛrt aerjɛ̃]
alarme (m)	signal (m) d'alarme	[siɲal dalarm]

sinal (m)	signal (m)	[siɲal]
sinalizador (m)	fusée signal (f)	[fyze siɲal]
estado-maior (m)	état-major (m)	[eta maʒɔr]
reconhecimento (m)	reconnaissance (f)	[rəkɔnɛsɑ̃s]
situação (f)	situation (f)	[situasjɔ̃]
relatório (m)	rapport (m)	[rapɔr]
emboscada (f)	embuscade (f)	[ɑ̃byskad]
reforço (m)	renfort (m)	[rɑ̃fɔr]
alvo (m)	cible (f)	[sibl]
campo (m) de tiro	polygone (m)	[pɔligɔn]
manobras (f pl)	manœuvres (f pl)	[manœvr]
pânico (m)	panique (f)	[panik]
devastação (f)	devastation (f)	[devastasjɔ̃]
ruínas (f pl)	destructions (f pl)	[dɛstryksjɔ̃]
destruir (vt)	détruire (vt)	[detrɥir]
sobreviver (vi)	survivre (vi)	[syrvivr]
desarmar (vt)	désarmer (vt)	[dezarme]
manusear (vt)	manier (vt)	[manje]
Firmes!	Garde-à-vous! Fixe!	[gardavu], [fiks]
Descansar!	Repos!	[rəpo]
façanha (f)	exploit (m)	[ɛksplwa]
juramento (m)	serment (m)	[sɛrmɑ̃]
jurar (vi)	jurer (vi)	[ʒyre]
condecoração (f)	décoration (f)	[dekɔrasjɔ̃]
condecorar (vt)	décorer (vt)	[dekɔre]
medalha (f)	médaille (f)	[medaj]
ordem (f)	ordre (m)	[ɔrdr]
vitória (f)	victoire (f)	[viktwar]
derrota (f)	défaite (f)	[defɛt]
armistício (m)	armistice (m)	[armistis]
bandeira (f)	drapeau (m)	[drapo]
glória (f)	gloire (f)	[glwar]
desfile (m) militar	défilé (m)	[defile]
marchar (vi)	marcher (vi)	[marʃe]

114. Armas

arma (f)	arme (f)	[arm]
arma (f) de fogo	armes (f pl) à feu	[arm ɑ fø]
arma (f) branca	armes (f pl) blanches	[arm blɑ̃ʃ]
arma (f) química	arme (f) chimique	[arm ʃimik]
nuclear	nucléaire (adj)	[nyklɛɛr]
arma (f) nuclear	arme (f) nucléaire	[arm nyklɛɛr]
bomba (f)	bombe (f)	[bɔ̃b]

Português	Français	Pronúncia
bomba (f) atómica	bombe (f) atomique	[bɔ̃b atɔmik]
pistola (f)	pistolet (m)	[pistɔlɛ]
caçadeira (f)	fusil (m)	[fyzi]
pistola-metralhadora (f)	mitraillette (f)	[mitrajɛt]
metralhadora (f)	mitrailleuse (f)	[mitrajøz]

boca (f)	bouche (f)	[buʃ]
cano (m)	canon (m)	[kanɔ̃]
calibre (m)	calibre (m)	[kalibr]

gatilho (m)	gâchette (f)	[gaʃɛt]
mira (f)	mire (f)	[mir]
carregador (m)	magasin (m)	[magazɛ̃]
coronha (f)	crosse (f)	[krɔs]

granada (f) de mão	grenade (f)	[grənad]
explosivo (m)	explosif (m)	[ɛksplozif]

bala (f)	balle (f)	[bal]
cartucho (m)	cartouche (f)	[kartuʃ]
carga (f)	charge (f)	[ʃarʒ]
munições (f pl)	munitions (f pl)	[mynisjɔ̃]

bombardeiro (m)	bombardier (m)	[bɔ̃bardje]
avião (m) de caça	avion (m) de chasse	[avjɔ̃ də ʃas]
helicóptero (m)	hélicoptère (m)	[elikɔptɛr]

canhão (m) antiaéreo	pièce (f) de D.C.A.	[pjɛs də desea]
tanque (m)	char (m)	[ʃar]
canhão (de um tanque)	canon (m)	[kanɔ̃]

artilharia (f)	artillerie (f)	[artijri]
canhão (m)	canon (m)	[kanɔ̃]
fazer a pontaria	pointer sur ...	[pwɛ̃te syr]

obus (m)	obus (m)	[ɔby]
granada (f) de morteiro	obus (m) de mortier	[ɔby də mɔrtje]
morteiro (m)	mortier (m)	[mɔrtje]
estilhaço (m)	éclat (m) d'obus	[ekla dɔby]

submarino (m)	sous-marin (m)	[sumarɛ̃]
torpedo (m)	torpille (f)	[tɔrpij]
míssil (m)	missile (m)	[misil]

carregar (uma arma)	charger (vt)	[ʃarʒe]
atirar, disparar (vi)	tirer (vi)	[tire]
apontar para ...	viser (vt)	[vize]
baioneta (f)	baïonnette (f)	[bajɔnɛt]

espada (f)	épée (f)	[epe]
sabre (m)	sabre (m)	[sabr]
lança (f)	lance (f)	[lɑ̃s]
arco (m)	arc (m)	[ark]
flecha (f)	flèche (f)	[flɛʃ]
mosquete (m)	mousquet (m)	[muskɛ]
besta (f)	arbalète (f)	[arbalɛt]

115. Povos da antiguidade

primitivo	primitif (adj)	[primitif]
pré-histórico	préhistorique (adj)	[preistɔrik]
antigo	ancien (adj)	[ɑ̃sjɛ̃]
Idade (f) da Pedra	Âge (m) de Pierre	[ɑʒ də pjɛr]
Idade (f) do Bronze	Âge (m) de Bronze	[ɑʒ də brõz]
período (m) glacial	période (f) glaciaire	[perjɔd glasjɛr]
tribo (f)	tribu (f)	[triby]
canibal (m)	cannibale (m)	[kanibal]
caçador (m)	chasseur (m)	[ʃasœr]
caçar (vi)	chasser (vi, vt)	[ʃase]
mamute (m)	mammouth (m)	[mamut]
caverna (f)	caverne (f)	[kavɛrn]
fogo (m)	feu (m)	[fø]
fogueira (f)	feu (m) de bois	[fø də bwa]
pintura (f) rupestre	dessin (m) rupestre	[desɛ̃ rypɛstr]
ferramenta (f)	outil (m)	[uti]
lança (f)	lance (f)	[lɑ̃s]
machado (m) de pedra	hache (f) en pierre	[aʃɑ̃ pjɛr]
guerrear (vt)	faire la guerre	[fɛr la gɛr]
domesticar (vt)	domestiquer (vt)	[dɔmɛstike]
ídolo (m)	idole (f)	[idɔl]
adorar, venerar (vt)	adorer, vénérer (vt)	[adɔre], [venere]
superstição (f)	superstition (f)	[sypɛrstisjõ]
ritual (m)	rite (m)	[rit]
evolução (f)	évolution (f)	[evɔlysjõ]
desenvolvimento (m)	développement (m)	[devlɔpmɑ̃]
desaparecimento (m)	disparition (f)	[disparisjõ]
adaptar-se (vr)	s'adapter (vp)	[sadapte]
arqueologia (f)	archéologie (f)	[arkeɔlɔʒi]
arqueólogo (m)	archéologue (m)	[arkeɔlɔg]
arqueológico	archéologique (adj)	[arkeɔlɔʒik]
local (m) das escavações	site (m) d'excavation	[sit dɛkskavasjõ]
escavações (f pl)	fouilles (f pl)	[fuj]
achado (m)	trouvaille (f)	[truvaj]
fragmento (m)	fragment (m)	[fragmɑ̃]

116. Idade média

povo (m)	peuple (m)	[pœpl]
povos (m pl)	peuples (m pl)	[pœpl]
tribo (f)	tribu (f)	[triby]
tribos (f pl)	tribus (f pl)	[triby]
bárbaros (m pl)	Barbares (m pl)	[barbar]

gauleses (m pl)	Gaulois (m pl)	[golwa]
godos (m pl)	Goths (m pl)	[go]
eslavos (m pl)	Slaves (m pl)	[slav]
víquingues (m pl)	Vikings (m pl)	[vikiŋ]
romanos (m pl)	Romains (m pl)	[rɔmɛ̃]
romano	romain (adj)	[rɔmɛ̃]
bizantinos (m pl)	byzantins (m pl)	[bizɑ̃tɛ̃]
Bizâncio	Byzance (f)	[bizɑ̃s]
bizantino	byzantin (adj)	[bizɑ̃tɛ̃]
imperador (m)	empereur (m)	[ɑ̃prœr]
líder (m)	chef (m)	[ʃɛf]
poderoso	puissant (adj)	[pɥisɑ̃]
rei (m)	roi (m)	[rwa]
governante (m)	gouverneur (m)	[guvɛrnœr]
cavaleiro (m)	chevalier (m)	[ʃəvalje]
senhor feudal (m)	féodal (m)	[feɔdal]
feudal	féodal (adj)	[feɔdal]
vassalo (m)	vassal (m)	[vasal]
duque (m)	duc (m)	[dyk]
conde (m)	comte (m)	[kɔ̃t]
barão (m)	baron (m)	[barɔ̃]
bispo (m)	évêque (m)	[evɛk]
armadura (f)	armure (f)	[armyr]
escudo (m)	bouclier (m)	[buklije]
espada (f)	épée (f), glaive (m)	[epe], [glɛv]
viseira (f)	visière (f)	[vizjɛr]
cota (f) de malha	cotte (f) de mailles	[kɔt də maj]
cruzada (f)	croisade (f)	[krwazad]
cruzado (m)	croisé (m)	[krwaze]
território (m)	territoire (m)	[tɛritwar]
atacar (vt)	attaquer (vt)	[atake]
conquistar (vt)	conquérir (vt)	[kɔ̃kerir]
ocupar, invadir (vt)	occuper (vt)	[ɔkype]
assédio, sítio (m)	siège (m)	[sjɛʒ]
sitiado	assiégé (adj)	[asjeʒe]
assediar, sitiar (vt)	assiéger (vt)	[asjeʒe]
inquisição (f)	inquisition (f)	[ɛ̃kizisjɔ̃]
inquisidor (m)	inquisiteur (m)	[ɛ̃kizitœr]
tortura (f)	torture (f)	[tɔrtyr]
cruel	cruel (adj)	[kryɛl]
herege (m)	hérétique (m)	[eretik]
heresia (f)	hérésie (f)	[erezi]
navegação (f) marítima	navigation (f) en mer	[navigasjɔ̃ ɑ̃ mɛr]
pirata (m)	pirate (m)	[pirat]
pirataria (f)	piraterie (f)	[piratri]

abordagem (f)	abordage (m)	[abɔrdaʒ]
presa (f), butim (m)	butin (m)	[bytɛ̃]
tesouros (m pl)	trésor (m)	[trezɔr]
descobrimento (m)	découverte (f)	[dekuvɛrt]
descobrir (novas terras)	découvrir (vt)	[dekuvrir]
expedição (f)	expédition (f)	[ɛkspedisjɔ̃]
mosqueteiro (m)	mousquetaire (m)	[muskətɛr]
cardeal (m)	cardinal (m)	[kardinal]
heráldica (f)	héraldique (f)	[eraldik]
heráldico	héraldique (adj)	[eraldik]

117. Líder. Chefe. Autoridades

rei (m)	roi (m)	[rwa]
rainha (f)	reine (f)	[rɛn]
real	royal (adj)	[rwajal]
reino (m)	royaume (m)	[rwajom]
príncipe (m)	prince (m)	[prɛ̃s]
princesa (f)	princesse (f)	[prɛ̃sɛs]
presidente (m)	président (m)	[prezidɑ̃]
vice-presidente (m)	vice-président (m)	[visprezidɑ̃]
senador (m)	sénateur (m)	[senatœr]
monarca (m)	monarque (m)	[mɔnark]
governante (m)	gouverneur (m)	[guvɛrnœr]
ditador (m)	dictateur (m)	[diktatœr]
tirano (m)	tyran (m)	[tirɑ̃]
magnata (m)	magnat (m)	[maɲa]
diretor (m)	directeur (m)	[dirɛktœr]
chefe (m)	chef (m)	[ʃɛf]
dirigente (m)	gérant (m)	[ʒerɑ̃]
patrão (m)	boss (m)	[bɔs]
dono (m)	patron (m)	[patrɔ̃]
líder, chefe (m)	leader (m)	[lidœr]
chefe (~ de delegação)	chef (m)	[ʃɛf]
autoridades (f pl)	autorités (f pl)	[ɔtɔrite]
superiores (m pl)	supérieurs (m pl)	[syperjœr]
governador (m)	gouverneur (m)	[guvɛrnœr]
cônsul (m)	consul (m)	[kɔ̃syl]
diplomata (m)	diplomate (m)	[diplɔmat]
Presidente (m) da Câmara	maire (m)	[mɛr]
xerife (m)	sherif (m)	[ʃerif]
imperador (m)	empereur (m)	[ɑ̃prœr]
czar (m)	tsar (m)	[tsar]
faraó (m)	pharaon (m)	[faraɔ̃]
cã (m)	khan (m)	[kɑ̃]

118. Viloação da lei. Criminosos. Parte 1

bandido (m)	bandit (m)	[bɑ̃di]
crime (m)	crime (m)	[krim]
criminoso (m)	criminel (m)	[kriminɛl]
ladrão (m)	voleur (m)	[vɔlœr]
roubar (vt)	voler (vt)	[vɔle]
furto, roubo (m)	vol (m)	[vɔl]
raptar (ex. ~ uma criança)	kidnapper (vt)	[kidnape]
rapto (m)	kidnapping (m)	[kidnapiŋ]
raptor (m)	kidnappeur (m)	[kidnapœr]
resgate (m)	rançon (f)	[rɑ̃sɔ̃]
pedir resgate	exiger une rançon	[ɛgziʒe yn rɑ̃sɔ̃]
roubar (vt)	cambrioler (vt)	[kɑ̃brijɔle]
assalto, roubo (m)	cambriolage (m)	[kɑ̃brijɔlaʒ]
assaltante (m)	cambrioleur (m)	[kɑ̃brijɔlœr]
extorquir (vt)	extorquer (vt)	[ɛkstɔrke]
extorsionário (m)	extorqueur (m)	[ɛkstɔrkœr]
extorsão (f)	extorsion (f)	[ɛkstɔrsjɔ̃]
matar, assassinar (vt)	tuer (vt)	[tɥe]
homicídio (m)	meurtre (m)	[mœrtr]
homicida, assassino (m)	meurtrier (m)	[mœrtrije]
tiro (m)	coup (m) de feu	[ku də fø]
dar um tiro	tirer un coup de feu	[tire œ̃ ku də fø]
matar a tiro	abattre (vt)	[abatr]
atirar, disparar (vi)	tirer (vi)	[tire]
tiroteio (m)	coups (m pl) de feu	[ku də fø]
incidente (m)	incident (m)	[ɛ̃sidɑ̃]
briga (~ de rua)	bagarre (f)	[bagar]
Socorro!	Au secours!	[osəkur]
vítima (f)	victime (f)	[viktim]
danificar (vt)	endommager (vt)	[ɑ̃dɔmaʒe]
dano (m)	dommage (m)	[dɔmaʒ]
cadáver (m)	cadavre (m)	[kadavr]
grave	grave (adj)	[grav]
atacar (vt)	attaquer (vt)	[atake]
bater (espancar)	battre (vt)	[batr]
espancar (vt)	passer à tabac	[pɑse a taba]
tirar, roubar (dinheiro)	prendre (vt)	[prɑ̃dr]
esfaquear (vt)	poignarder (vt)	[pwaɲarde]
mutilar (vt)	mutiler (vt)	[mytile]
ferir (vt)	blesser (vt)	[blese]
chantagem (f)	chantage (m)	[ʃɑ̃taʒ]
chantagear (vt)	faire chanter	[fɛr ʃɑ̃te]

chantagista (m)	maître (m) chanteur	[mɛtr ʃɑ̃tœr]
extorsão	racket (m) de protection	[rakɛt də prɔtɛksjɔ̃]
(em troca de proteção)		
extorsionário (m)	racketteur (m)	[rakɛtœr]
gângster (m)	gangster (m)	[gɑ̃gstɛr]
máfia (f)	mafia (f)	[mafja]
carteirista (m)	pickpocket (m)	[pikpɔkɛt]
assaltante, ladrão (m)	cambrioleur (m)	[kɑ̃brijɔlœr]
contrabando (m)	contrebande (f)	[kɔ̃trəbɑ̃d]
contrabandista (m)	contrebandier (m)	[kɔ̃trəbɑ̃dje]
falsificação (f)	contrefaçon (f)	[kɔ̃trəfasɔ̃]
falsificar (vt)	falsifier (vt)	[falsifje]
falsificado	faux (adj)	[fo]

119. Violação da lei. Criminosos. Parte 2

violação (f)	viol (m)	[vjɔl]
violar (vt)	violer (vt)	[vjɔle]
violador (m)	violeur (m)	[vjɔlœr]
maníaco (m)	maniaque (m)	[manjak]
prostituta (f)	prostituée (f)	[prɔstitɥe]
prostituição (f)	prostitution (f)	[prɔstitysjɔ̃]
chulo (m)	souteneur (m)	[sutnœr]
toxicodependente (m)	drogué (m)	[drɔge]
traficante (m)	trafiquant (m) de drogue	[trafikɑ̃ də drɔg]
explodir (vt)	faire exploser	[fɛr ɛksploze]
explosão (f)	explosion (f)	[ɛksplozjɔ̃]
incendiar (vt)	mettre feu	[mɛtr fø]
incendiário (m)	incendiaire (m)	[ɛ̃sɑ̃djɛr]
terrorismo (m)	terrorisme (m)	[tɛrɔrism]
terrorista (m)	terroriste (m)	[tɛrɔrist]
refém (m)	otage (m)	[ɔtaʒ]
enganar (vt)	escroquer (vt)	[ɛskrɔke]
engano (m)	escroquerie (f)	[ɛskrɔkri]
vigarista (m)	escroc (m)	[ɛskro]
subornar (vt)	soudoyer (vt)	[sudwaje]
suborno (atividade)	corruption (f)	[kɔrypsjɔ̃]
suborno (dinheiro)	pot-de-vin (m)	[pɔdvɛ̃]
veneno (m)	poison (m)	[pwazɔ̃]
envenenar (vt)	empoisonner (vt)	[ɑ̃pwazɔne]
envenenar-se (vr)	s'empoisonner (vp)	[sɑ̃pwazɔne]
suicídio (m)	suicide (m)	[sɥisid]
suicida (m)	suicidé (m)	[sɥiside]
ameaçar (vt)	menacer (vt)	[mənase]

ameaça (f)	menace (f)	[mənas]
atentar contra a vida de ...	attenter (vt)	[atãte]
atentado (m)	attentat (m)	[atãta]
roubar (o carro)	voler (vt)	[vɔle]
desviar (o avião)	détourner (vt)	[deturne]
vingança (f)	vengeance (f)	[vãʒãs]
vingar (vt)	se venger (vp)	[sə vãʒe]
torturar (vt)	torturer (vt)	[tɔrtyre]
tortura (f)	torture (f)	[tɔrtyr]
atormentar (vt)	tourmenter (vt)	[turmãte]
pirata (m)	pirate (m)	[pirat]
desordeiro (m)	voyou (m)	[vwaju]
armado	armé (adj)	[arme]
violência (f)	violence (f)	[vjɔlãs]
ilegal	illégal (adj)	[ilegal]
espionagem (f)	espionnage (m)	[ɛspjɔnaʒ]
espionar (vi)	espionner (vt)	[ɛspjɔne]

120. Polícia. Lei. Parte 1

justiça (f)	justice (f)	[ʒystis]
tribunal (m)	tribunal (m)	[tribynal]
juiz (m)	juge (m)	[ʒyʒ]
jurados (m pl)	jury (m)	[ʒyri]
tribunal (m) do júri	cour (f) d'assises	[kur dasiz]
julgar (vt)	juger (vt)	[ʒyʒe]
advogado (m)	avocat (m)	[avɔka]
réu (m)	accusé (m)	[akyze]
banco (m) dos réus	banc (m) des accusés	[bã dezakyze]
acusação (f)	inculpation (f)	[ɛ̃kylpasjɔ̃]
acusado (m)	inculpé (m)	[ɛ̃kylpe]
sentença (f)	condamnation (f)	[kɔ̃danasjɔ̃]
sentenciar (vt)	condamner (vt)	[kɔ̃dane]
culpado (m)	coupable (m)	[kupabl]
punir (vt)	punir (vt)	[pynir]
punição (f)	punition (f)	[pynisjɔ̃]
multa (f)	amende (f)	[amãd]
prisão (f) perpétua	détention (f) à vie	[detãsjɔ̃ a vi]
pena (f) de morte	peine (f) de mort	[pɛn də mɔr]
cadeira (f) elétrica	chaise (f) électrique	[ʃɛz elɛktrik]
forca (f)	potence (f)	[pɔtãs]
executar (vt)	exécuter (vt)	[ɛgzekyte]
execução (f)	exécution (f)	[ɛgzekysjɔ̃]

prisão (f)	prison (f)	[prizɔ̃]
cela (f) de prisão	cellule (f)	[selyl]
escolta (f)	escorte (f)	[ɛskɔrt]
guarda (m) prisional	gardien (m) de prison	[gardjɛ̃ də prizɔ̃]
preso (m)	prisonnier (m)	[prizɔnje]
algemas (f pl)	menottes (f pl)	[mənɔt]
algemar (vt)	mettre les menottes	[mɛtr le mənɔt]
fuga, evasão (f)	évasion (f)	[evazjɔ̃]
fugir (vi)	s'évader (vp)	[sevade]
desaparecer (vi)	disparaître (vi)	[disparɛtr]
soltar, libertar (vt)	libérer (vt)	[libere]
amnistia (f)	amnistie (f)	[amnisti]
polícia (instituição)	police (f)	[pɔlis]
polícia (m)	policier (m)	[pɔlisje]
esquadra (f) de polícia	commissariat (m) de police	[kɔmisarja də pɔlis]
cassetete (m)	matraque (f)	[matrak]
megafone (m)	haut parleur (m)	[o parlœr]
carro (m) de patrulha	voiture (f) de patrouille	[vwatyr də patruj]
sirene (f)	sirène (f)	[sirɛn]
ligar a sirene	enclencher la sirène	[ãklãʃe la sirɛn]
toque (m) da sirene	hurlement (m) de la sirène	[yrləmã dəla sirɛn]
cena (f) do crime	lieu (m) du crime	[ljø dy krim]
testemunha (f)	témoin (m)	[temwɛ̃]
liberdade (f)	liberté (f)	[libɛrte]
cúmplice (m)	complice (m)	[kɔ̃plis]
escapar (vi)	s'enfuir (vp)	[sãfɥir]
traço (não deixar ~s)	trace (f)	[tras]

121. Polícia. Lei. Parte 2

procura (f)	recherche (f)	[rəʃɛrʃ]
procurar (vt)	rechercher (vt)	[rəʃɛrʃe]
suspeita (f)	suspicion (f)	[syspisjɔ̃]
suspeito	suspect (adj)	[syspɛ]
parar (vt)	arrêter (vt)	[arete]
deter (vt)	détenir (vt)	[detnir]
caso (criminal)	affaire (f)	[afɛr]
investigação (f)	enquête (f)	[ãkɛt]
detetive (m)	détective (m)	[detɛktiv]
investigador (m)	enquêteur (m)	[ãkɛtœr]
versão (f)	hypothèse (f)	[ipotɛz]
motivo (m)	motif (m)	[motif]
interrogatório (m)	interrogatoire (m)	[ɛ̃terɔgatwar]
interrogar (vt)	interroger (vt)	[ɛ̃terɔʒe]
questionar (vt)	interroger (vt)	[ɛ̃terɔʒe]
verificação (f)	inspection (f)	[ɛ̃spɛksjɔ̃]

batida (f) policial	rafle (f)	[rafl]
busca (f)	perquisition (f)	[pɛrkizisjɔ̃]
perseguição (f)	poursuite (f)	[pursɥit]
perseguir (vt)	poursuivre (vt)	[pursɥivr]
seguir (vt)	dépister (vt)	[depiste]

prisão (f)	arrestation (f)	[arɛstasjɔ̃]
prender (vt)	arrêter (vt)	[arete]
pegar, capturar (vt)	attraper (vt)	[atrape]
captura (f)	capture (f)	[kaptyr]

documento (m)	document (m)	[dɔkymɑ̃]
prova (f)	preuve (f)	[prœv]
provar (vt)	prouver (vt)	[pruve]
pegada (f)	empreinte (f) de pied	[ɑ̃prɛ̃t də pje]
impressões (f pl) digitais	empreintes (f pl) digitales	[ɑ̃prɛ̃t diʒital]
prova (f)	élément (m) de preuve	[elemɑ̃ də prœv]

álibi (m)	alibi (m)	[alibi]
inocente	innocent (adj)	[inɔsɑ̃]
injustiça (f)	injustice (f)	[ɛ̃ʒystis]
injusto	injuste (adj)	[ɛ̃ʒyst]

criminal	criminel (adj)	[kriminɛl]
confiscar (vt)	confisquer (vt)	[kɔ̃fiske]
droga (f)	drogue (f)	[drɔg]
arma (f)	arme (f)	[arm]
desarmar (vt)	désarmer (vt)	[dezarme]
ordenar (vt)	ordonner (vt)	[ɔrdɔne]
desaparecer (vi)	disparaître (vi)	[disparɛtr]

lei (f)	loi (f)	[lwa]
legal	légal (adj)	[legal]
ilegal	illégal (adj)	[ilegal]

| responsabilidade (f) | responsabilité (f) | [rɛspɔ̃sabilite] |
| responsável | responsable (adj) | [rɛspɔ̃sabl] |

NATUREZA

A Terra. Parte 1

122. Espaço sideral

cosmos (m)	cosmos (m)	[kɔsmos]
cósmico	cosmique (adj)	[kɔsmik]
espaço (m) cósmico	espace (m) cosmique	[ɛspas kɔsmik]
mundo (m)	monde (m)	[mɔ̃d]
universo (m)	univers (m)	[ynivɛr]
galáxia (f)	galaxie (f)	[galaksi]
estrela (f)	étoile (f)	[etwal]
constelação (f)	constellation (f)	[kɔ̃stelasjɔ̃]
planeta (m)	planète (f)	[planɛt]
satélite (m)	satellite (m)	[satelit]
meteorito (m)	météorite (m)	[meteɔrit]
cometa (m)	comète (f)	[kɔmɛt]
asteroide (m)	astéroïde (m)	[asterɔid]
órbita (f)	orbite (f)	[ɔrbit]
girar (vi)	tourner (vi)	[turne]
atmosfera (f)	atmosphère (f)	[atmɔsfɛr]
Sol (m)	Soleil (m)	[sɔlɛj]
Sistema (m) Solar	système (m) solaire	[sistɛm sɔlɛr]
eclipse (m) solar	éclipse (f) de soleil	[leklips də sɔlɛj]
Terra (f)	Terre (f)	[tɛr]
Lua (f)	Lune (f)	[lyn]
Marte (m)	Mars (m)	[mars]
Vénus (f)	Vénus (f)	[venys]
Júpiter (m)	Jupiter (m)	[ʒypitɛr]
Saturno (m)	Saturne (m)	[satyrn]
Mercúrio (m)	Mercure (m)	[mɛrkyr]
Urano (m)	Uranus (m)	[yranys]
Neptuno (m)	Neptune	[nɛptyn]
Plutão (m)	Pluton (m)	[plytɔ̃]
Via Láctea (f)	la Voie Lactée	[la vwa lakte]
Ursa Maior (f)	la Grande Ours	[la grɑ̃d urs]
Estrela Polar (f)	la Polaire	[la pɔlɛr]
marciano (m)	martien (m)	[marsjɛ̃]
extraterrestre (m)	extraterrestre (m)	[ɛkstratɛrɛstr]

alienígena (m)	alien (m)	[aljɛn]
disco (m) voador	soucoupe (f) volante	[sukup vɔlɑ̃t]
nave (f) espacial	vaisseau (m) spatial	[vɛso spasjal]
estação (f) orbital	station (f) orbitale	[stasjɔ̃ ɔrbital]
lançamento (m)	lancement (m)	[lɑ̃smɑ̃]
motor (m)	moteur (m)	[mɔtœr]
bocal (m)	tuyère (f)	[tyjɛr]
combustível (m)	carburant (m)	[karbyrɑ̃]
cabine (f)	cabine (f)	[kabin]
antena (f)	antenne (f)	[ɑ̃tɛn]
vigia (f)	hublot (m)	[yblo]
bateria (f) solar	batterie (f) solaire	[batri sɔlɛr]
traje (m) espacial	scaphandre (m)	[skafɑ̃dr]
imponderabilidade (f)	apesanteur (f)	[apəzɑ̃tœr]
oxigénio (m)	oxygène (m)	[ɔksiʒɛn]
acoplagem (f)	arrimage (m)	[arimaʒ]
fazer uma acoplagem	s'arrimer à ...	[sarime a]
observatório (m)	observatoire (m)	[ɔpsɛrvatwar]
telescópio (m)	télescope (m)	[teleskɔp]
observar (vt)	observer (vt)	[ɔpsɛrve]
explorar (vt)	explorer (vt)	[ɛksplɔre]

123. A Terra

Terra (f)	Terre (f)	[tɛr]
globo terrestre (Terra)	globe (m) terrestre	[glɔb tɛrɛstr]
planeta (m)	planète (f)	[planɛt]
atmosfera (f)	atmosphère (f)	[atmɔsfɛr]
geografia (f)	géographie (f)	[ʒeografi]
natureza (f)	nature (f)	[natyr]
globo (mapa esférico)	globe (m) de table	[glɔb də tabl]
mapa (m)	carte (f)	[kart]
atlas (m)	atlas (m)	[atlas]
Europa (f)	Europe (f)	[ørɔp]
Ásia (f)	Asie (f)	[azi]
África (f)	Afrique (f)	[afrik]
Austrália (f)	Australie (f)	[ostrali]
América (f)	Amérique (f)	[amerik]
América (f) do Norte	Amérique (f) du Nord	[amerik dy nɔr]
América (f) do Sul	Amérique (f) du Sud	[amerik dy syd]
Antártida (f)	l'Antarctique (m)	[lɑ̃tarktik]
Ártico (m)	l'Arctique (m)	[larktik]

124. Pontos cardeais

norte (m)	nord (m)	[nɔr]
para norte	vers le nord	[vɛr lə nɔr]
no norte	au nord	[onɔr]
do norte	du nord (adj)	[dy nɔr]
sul (m)	sud (m)	[syd]
para sul	vers le sud	[vɛr lə syd]
no sul	au sud	[osyd]
do sul	du sud (adj)	[dy syd]
oeste, ocidente (m)	ouest (m)	[wɛst]
para oeste	vers l'occident	[vɛr lɔksidã]
no oeste	à l'occident	[alɔksidã]
ocidental	occidental (adj)	[ɔksidãtal]
leste, oriente (m)	est (m)	[ɛst]
para leste	vers l'orient	[vɛr lɔrjã]
no leste	à l'orient	[alɔrjã]
oriental	oriental (adj)	[ɔrjãtal]

125. Mar. Oceano

mar (m)	mer (f)	[mɛr]
oceano (m)	océan (m)	[ɔseã]
golfo (m)	golfe (m)	[gɔlf]
estreito (m)	détroit (m)	[detrwa]
terra (f) firme	terre (f) ferme	[tɛr fɛrm]
continente (m)	continent (m)	[kõtinã]
ilha (f)	île (f)	[il]
península (f)	presqu'île (f)	[prɛskil]
arquipélago (m)	archipel (m)	[arʃipɛl]
baía (f)	baie (f)	[bɛ]
porto (m)	port (m)	[pɔr]
lagoa (f)	lagune (f)	[lagyn]
cabo (m)	cap (m)	[kap]
atol (m)	atoll (m)	[atɔl]
recife (m)	récif (m)	[resif]
coral (m)	corail (m)	[kɔraj]
recife (m) de coral	récif (m) de corail	[resif də kɔraj]
profundo	profond (adj)	[prɔfõ]
profundidade (f)	profondeur (f)	[prɔfõdœr]
abismo (m)	abîme (m)	[abim]
fossa (f) oceânica	fosse (f) océanique	[fos ɔseanik]
corrente (f)	courant (m)	[kurã]
banhar (vt)	baigner (vt)	[beɲe]
litoral (m)	littoral (m)	[litɔral]

costa (f)	côte (f)	[kot]
maré (f) alta	marée (f) haute	[mare ot]
refluxo (m), maré (f) baixa	marée (f) basse	[mare bas]
restinga (f)	banc (m) de sable	[bɑ̃ də sabl]
fundo (m)	fond (m)	[fɔ̃]
onda (f)	vague (f)	[vag]
crista (f) da onda	crête (f) de la vague	[krɛt də la vag]
espuma (f)	mousse (f)	[mus]
tempestade (f)	tempête (f) en mer	[tɑ̃pɛt ɑ̃mɛr]
furacão (m)	ouragan (m)	[uragɑ̃]
tsunami (m)	tsunami (m)	[tsynami]
calmaria (f)	calme (m)	[kalm]
calmo	calme (adj)	[kalm]
polo (m)	pôle (m)	[pol]
polar	polaire (adj)	[pɔlɛr]
latitude (f)	latitude (f)	[latityd]
longitude (f)	longitude (f)	[lɔ̃ʒityd]
paralela (f)	parallèle (f)	[paralɛl]
equador (m)	équateur (m)	[ekwatœr]
céu (m)	ciel (m)	[sjɛl]
horizonte (m)	horizon (m)	[ɔrizɔ̃]
ar (m)	air (m)	[ɛr]
farol (m)	phare (m)	[far]
mergulhar (vi)	plonger (vi)	[plɔ̃ʒe]
afundar-se (vr)	sombrer (vi)	[sɔ̃bre]
tesouros (m pl)	trésor (m)	[trezɔr]

126. Nomes de Mares e Oceanos

Oceano (m) Atlântico	océan (m) Atlantique	[ɔseɑn atlɑ̃tik]
Oceano (m) Índico	océan (m) Indien	[ɔseɑn ɛ̃djɛ̃]
Oceano (m) Pacífico	océan (m) Pacifique	[ɔseɑ̃ pasifik]
Oceano (m) Ártico	océan (m) Glacial	[ɔseɑ̃ glasjal]
Mar (m) Negro	mer (f) Noire	[mɛr nwar]
Mar (m) Vermelho	mer (f) Rouge	[mɛr ruʒ]
Mar (m) Amarelo	mer (f) Jaune	[mɛr ʒon]
Mar (m) Branco	mer (f) Blanche	[mɛr blɑ̃ʃ]
Mar (m) Cáspio	mer (f) Caspienne	[mɛr kaspjɛn]
Mar (m) Morto	mer (f) Morte	[mɛr mɔrt]
Mar (m) Mediterrâneo	mer (f) Méditerranée	[mɛr mediterane]
Mar (m) Egeu	mer (f) Égée	[mɛr eʒe]
Mar (m) Adriático	mer (f) Adriatique	[mɛr adrijatik]
Mar (m) Arábico	mer (f) Arabique	[mɛr arabik]
Mar (m) do Japão	mer (f) du Japon	[mɛr dy ʒapɔ̃]

Mar (m) de Bering	mer (f) de Béring	[mɛr də beriŋ]
Mar (m) da China Meridional	mer (f) de Chine Méridionale	[mɛr də ʃin meridjɔnal]
Mar (m) de Coral	mer (f) de Corail	[mɛr də kɔraj]
Mar (m) de Tasman	mer (f) de Tasman	[mɛr də tasman]
Mar (m) do Caribe	mer (f) Caraïbe	[mɛr karaib]
Mar (m) de Barents	mer (f) de Barents	[mɛr də barɛ̃s]
Mar (m) de Kara	mer (f) de Kara	[mɛr də kara]
Mar (m) do Norte	mer (f) du Nord	[mɛr dy nɔr]
Mar (m) Báltico	mer (f) Baltique	[mɛr baltik]
Mar (m) da Noruega	mer (f) de Norvège	[mɛr də nɔrvɛʒ]

127. Montanhas

montanha (f)	montagne (f)	[mɔ̃taɲ]
cordilheira (f)	chaîne (f) de montagnes	[ʃɛn də mɔ̃taɲ]
serra (f)	crête (f)	[krɛt]
cume (m)	sommet (m)	[sɔmɛ]
pico (m)	pic (m)	[pik]
sopé (m)	pied (m)	[pje]
declive (m)	pente (f)	[pɑ̃t]
vulcão (m)	volcan (m)	[vɔlkɑ̃]
vulcão (m) ativo	volcan (m) actif	[vɔlkɑ̃ aktif]
vulcão (m) extinto	volcan (m) éteint	[vɔlkɑ̃ etɛ̃]
erupção (f)	éruption (f)	[erypsjɔ̃]
cratera (f)	cratère (m)	[kratɛr]
magma (m)	magma (m)	[magma]
lava (f)	lave (f)	[lav]
fundido (lava ~a)	en fusion	[ɑ̃ fyzjɔ̃]
desfiladeiro (m)	canyon (m)	[kanjɔ̃]
garganta (f)	défilé (m)	[defile]
fenda (f)	crevasse (f)	[krəvas]
precipício (m)	précipice (m)	[presipis]
passo, colo (m)	col (m)	[kɔl]
planalto (m)	plateau (m)	[plato]
falésia (f)	rocher (m)	[rɔʃe]
colina (f)	colline (f)	[kɔlin]
glaciar (m)	glacier (m)	[glasje]
queda (f) d'água	chute (f) d'eau	[ʃyt do]
géiser (m)	geyser (m)	[ʒezɛr]
lago (m)	lac (m)	[lak]
planície (f)	plaine (f)	[plɛn]
paisagem (f)	paysage (m)	[peizaʒ]
eco (m)	écho (m)	[eko]
alpinista (m)	alpiniste (m)	[alpinist]

escalador (m)	varappeur (m)	[vaʀapœʀ]
conquistar (vt)	conquérir (vt)	[kɔ̃keʀiʀ]
subida, escalada (f)	ascension (f)	[asɑ̃sjɔ̃]

128. Nomes de montanhas

Alpes (m pl)	Alpes (f pl)	[alp]
monte Branco (m)	Mont Blanc (m)	[mɔ̃blɑ̃]
Pirineus (m pl)	Pyrénées (f pl)	[piʀene]
Cárpatos (m pl)	Carpates (f pl)	[kaʀpat]
montes (m pl) Urais	Monts Oural (m pl)	[mɔ̃ uʀal]
Cáucaso (m)	Caucase (m)	[kokaz]
Elbrus (m)	Elbrous (m)	[ɛlbʀys]
Altai (m)	Altaï (m)	[altaj]
Tian Shan (m)	Tian Chan (m)	[tjɑ̃ ʃɑ̃]
Pamir (m)	Pamir (m)	[pamiʀ]
Himalaias (m pl)	Himalaya (m)	[imalaja]
monte (m) Everest	Everest (m)	[evʀɛst]
Cordilheira (f) dos Andes	Andes (f pl)	[ɑ̃d]
Kilimanjaro (m)	Kilimandjaro (m)	[kilimɑ̃dʒaʀo]

129. Rios

rio (m)	rivière (f), fleuve (m)	[ʀivjɛʀ], [flœv]
fonte, nascente (f)	source (f)	[suʀs]
leito (m) do rio	lit (m)	[li]
bacia (f)	bassin (m)	[basɛ̃]
desaguar no ...	se jeter dans ...	[sə ʒəte dɑ̃]
afluente (m)	affluent (m)	[aflyɑ̃]
margem (do rio)	rive (f)	[ʀiv]
corrente (f)	courant (m)	[kuʀɑ̃]
rio abaixo	en aval	[ɑn aval]
rio acima	en amont	[ɑn amɔ̃]
inundação (f)	inondation (f)	[inɔ̃dasjɔ̃]
cheia (f)	les grandes crues	[le gʀɑ̃d kʀy]
transbordar (vi)	déborder (vt)	[debɔʀde]
inundar (vt)	inonder (vt)	[inɔ̃de]
banco (m) de areia	bas-fond (m)	[bafɔ̃]
rápidos (m pl)	rapide (m)	[ʀapid]
barragem (f)	barrage (m)	[baʀaʒ]
canal (m)	canal (m)	[kanal]
reservatório (m) de água	lac (m) de barrage	[lak də baʀaʒ]
eclusa (f)	écluse (f)	[eklyz]
corpo (m) de água	plan (m) d'eau	[plɑ̃ do]

pântano (m)	marais (m)	[marɛ]
tremedal (m)	fondrière (f)	[fɔ̃drijɛr]
remoinho (m)	tourbillon (m)	[turbijɔ̃]

arroio, regato (m)	ruisseau (m)	[rɥiso]
potável	potable (adj)	[pɔtabl]
doce (água)	douce (adj)	[dus]

| gelo (m) | glace (f) | [glas] |
| congelar-se (vr) | être gelé | [ɛtr ʒəle] |

130. Nomes de rios

| rio Sena (m) | Seine (f) | [sɛn] |
| rio Loire (m) | Loire (f) | [lwar] |

rio Tamisa (m)	Tamise (f)	[tamiz]
rio Reno (m)	Rhin (m)	[rɛ̃]
rio Danúbio (m)	Danube (m)	[danyb]

rio Volga (m)	Volga (f)	[vɔlga]
rio Don (m)	Don (m)	[dɔ̃]
rio Lena (m)	Lena (f)	[lena]

rio Amarelo (m)	Huang He (m)	[waŋ e]
rio Yangtzé (m)	Yangzi Jiang (m)	[jãgzijãg]
rio Mekong (m)	Mékong (m)	[mekɔ̃g]
rio Ganges (m)	Gange (m)	[gɑ̃ʒ]

rio Nilo (m)	Nil (m)	[nil]
rio Congo (m)	Congo (m)	[kɔ̃go]
rio Cubango (m)	Okavango (m)	[ɔkavangɔ]
rio Zambeze (m)	Zambèze (m)	[zɑ̃bɛz]
rio Limpopo (m)	Limpopo (m)	[limpɔpo]
rio Mississípi (m)	Mississippi (m)	[misisipi]

131. Floresta

| floresta (f), bosque (m) | forêt (f) | [fɔrɛ] |
| florestal | forestier (adj) | [fɔrɛstje] |

mata (f) cerrada	fourré (m)	[fure]
arvoredo (m)	bosquet (m)	[bɔskɛ]
clareira (f)	clairière (f)	[klɛrjɛr]

| matagal (m) | broussailles (f pl) | [brusaj] |
| mato (m) | taillis (m) | [taji] |

vereda (f)	sentier (m)	[sɑ̃tje]
ravina (f)	ravin (m)	[ravɛ̃]
árvore (f)	arbre (m)	[arbr]
folha (f)	feuille (f)	[fœj]

folhagem (f)	feuillage (m)	[fœjaʒ]
queda (f) das folhas	chute (f) de feuilles	[ʃyt də fœj]
cair (vi)	tomber (vi)	[tɔ̃be]
topo (m)	sommet (m)	[sɔmɛ]
ramo (m)	rameau (m)	[ramo]
galho (m)	branche (f)	[brɑ̃ʃ]
botão, rebento (m)	bourgeon (m)	[burʒɔ̃]
agulha (f)	aiguille (f)	[eɡɥij]
pinha (f)	pomme (f) de pin	[pɔm də pɛ̃]
buraco (m) de árvore	creux (m)	[krø]
ninho (m)	nid (m)	[ni]
toca (f)	terrier (m)	[tɛrje]
tronco (m)	tronc (m)	[trɔ̃]
raiz (f)	racine (f)	[rasin]
casca (f) de árvore	écorce (f)	[ekɔrs]
musgo (m)	mousse (f)	[mus]
arrancar pela raiz	déraciner (vt)	[derasine]
cortar (vt)	abattre (vt)	[abatr]
desflorestar (vt)	déboiser (vt)	[debwaze]
toco, cepo (m)	souche (f)	[suʃ]
fogueira (f)	feu (m) de bois	[fø də bwa]
incêndio (m) florestal	incendie (m)	[ɛ̃sɑ̃di]
apagar (vt)	éteindre (vt)	[etɛ̃dr]
guarda-florestal (m)	garde (m) forestier	[gard fɔrɛstje]
proteção (f)	protection (f)	[prɔtɛksjɔ̃]
proteger (a natureza)	protéger (vt)	[prɔteʒe]
caçador (m) furtivo	braconnier (m)	[brakɔnje]
armadilha (f)	piège (m) à mâchoires	[pjɛʒ a maʃwar]
colher (cogumelos, bagas)	cueillir (vt)	[kœjir]
perder-se (vr)	s'égarer (vp)	[segare]

132. Recursos naturais

recursos (m pl) naturais	ressources (f pl) naturelles	[rəsurs natyrɛl]
minerais (m pl)	minéraux (m pl)	[minero]
depósitos (m pl)	gisement (m)	[ʒizmɑ̃]
jazida (f)	champ (m)	[ʃɑ̃]
extrair (vt)	extraire (vt)	[ɛkstrɛr]
extração (f)	extraction (f)	[ɛkstraksjɔ̃]
minério (m)	minerai (m)	[minrɛ]
mina (f)	mine (f)	[min]
poço (m) de mina	puits (m) de mine	[pɥi də min]
mineiro (m)	mineur (m)	[minœr]
gás (m)	gaz (m)	[gaz]
gasoduto (m)	gazoduc (m)	[gazɔdyk]

petróleo (m)	pétrole (m)	[petrɔl]
oleoduto (m)	pipeline (m)	[piplin]
poço (m) de petróleo	tour (f) de forage	[tur də fɔraʒ]
torre (f) petrolífera	derrick (m)	[derik]
petroleiro (m)	pétrolier (m)	[petrɔlje]
areia (f)	sable (m)	[sabl]
calcário (m)	calcaire (m)	[kalkɛr]
cascalho (m)	gravier (m)	[gravje]
turfa (f)	tourbe (f)	[turb]
argila (f)	argile (f)	[arʒil]
carvão (m)	charbon (m)	[ʃarbɔ̃]
ferro (m)	fer (m)	[fɛr]
ouro (m)	or (m)	[ɔr]
prata (f)	argent (m)	[arʒɑ̃]
níquel (m)	nickel (m)	[nikɛl]
cobre (m)	cuivre (m)	[kɥivr]
zinco (m)	zinc (m)	[zɛ̃g]
manganês (m)	manganèse (m)	[mɑ̃ganɛz]
mercúrio (m)	mercure (m)	[mɛrkyr]
chumbo (m)	plomb (m)	[plɔ̃]
mineral (m)	minéral (m)	[mineral]
cristal (m)	cristal (m)	[kristal]
mármore (m)	marbre (m)	[marbr]
urânio (m)	uranium (m)	[yranjɔm]

A Terra. Parte 2

133. Tempo

tempo (m)	temps (m)	[tã]
previsão (f) do tempo	météo (f)	[meteo]
temperatura (f)	température (f)	[tãperatyr]
termómetro (m)	thermomètre (m)	[tɛrmɔmɛtr]
barómetro (m)	baromètre (m)	[barɔmɛtr]
húmido	humide (adj)	[ymid]
humidade (f)	humidité (f)	[ymidite]
calor (m)	chaleur (f)	[ʃalœr]
cálido	torride (adj)	[tɔrid]
está muito calor	il fait très chaud	[il fɛ trɛ ʃo]
está calor	il fait chaud	[il fɛʃo]
quente	chaud (adj)	[ʃo]
está frio	il fait froid	[il fɛ frwa]
frio	froid (adj)	[frwa]
sol (m)	soleil (m)	[sɔlɛj]
brilhar (vi)	briller (vi)	[brije]
de sol, ensolarado	ensoleillé (adj)	[ãsɔleje]
nascer (vi)	se lever (vp)	[sə ləve]
pôr-se (vr)	se coucher (vp)	[sə kuʃe]
nuvem (f)	nuage (m)	[nɥaʒ]
nublado	nuageux (adj)	[nɥaʒø]
nuvem (f) preta	nuée (f)	[nɥe]
escuro, cinzento	sombre (adj)	[sɔ̃br]
chuva (f)	pluie (f)	[plɥi]
está a chover	il pleut	[il plø]
chuvoso	pluvieux (adj)	[plyvjø]
chuviscar (vi)	bruiner (v imp)	[brɥine]
chuva (f) torrencial	pluie (f) torrentielle	[plɥi tɔrãsjɛl]
chuvada (f)	averse (f)	[avɛrs]
forte (chuva)	forte (adj)	[fɔrt]
poça (f)	flaque (f)	[flak]
molhar-se (vr)	se faire mouiller	[sə fɛr muje]
nevoeiro (m)	brouillard (m)	[brujar]
de nevoeiro	brumeux (adj)	[brymø]
neve (f)	neige (f)	[nɛʒ]
está a nevar	il neige	[il nɛʒ]

134. Tempo extremo. Catástrofes naturais

trovoada (f)	orage (m)	[ɔraʒ]
relâmpago (m)	éclair (m)	[eklɛr]
relampejar (vi)	éclater (vi)	[eklate]
trovão (m)	tonnerre (m)	[tɔnɛr]
trovejar (vi)	gronder (vi)	[grõde]
está a trovejar	le tonnerre gronde	[lə tɔnɛr grõd]
granizo (m)	grêle (f)	[grɛl]
está a cair granizo	il grêle	[il grɛl]
inundar (vt)	inonder (vt)	[inõde]
inundação (f)	inondation (f)	[inõdasjõ]
terremoto (m)	tremblement (m) de terre	[trãbləmã də tɛr]
abalo, tremor (m)	secousse (f)	[səkus]
epicentro (m)	épicentre (m)	[episãtr]
erupção (f)	éruption (f)	[erypsjõ]
lava (f)	lave (f)	[lav]
turbilhão (m)	tourbillon (m)	[turbijõ]
tornado (m)	tornade (f)	[tɔrnad]
tufão (m)	typhon (m)	[tifõ]
furacão (m)	ouragan (m)	[uragã]
tempestade (f)	tempête (f)	[tãpɛt]
tsunami (m)	tsunami (m)	[tsynami]
ciclone (m)	cyclone (m)	[siklon]
mau tempo (m)	intempéries (f pl)	[ɛ̃tãperi]
incêndio (m)	incendie (m)	[ɛ̃sãdi]
catástrofe (f)	catastrophe (f)	[katastrɔf]
meteorito (m)	météorite (m)	[meteɔrit]
avalanche (f)	avalanche (f)	[avalãʃ]
deslizamento (m) de neve	éboulement (m)	[ebulmã]
nevasca (f)	blizzard (m)	[blizar]
tempestade (f) de neve	tempête (f) de neige	[tãpɛt də nɛʒ]

Fauna

135. Mamíferos. Predadores

predador (m)	prédateur (m)	[predatœr]
tigre (m)	tigre (m)	[tigr]
leão (m)	lion (m)	[ljɔ̃]
lobo (m)	loup (m)	[lu]
raposa (f)	renard (m)	[rənar]
jaguar (m)	jaguar (m)	[ʒagwar]
leopardo (m)	léopard (m)	[leɔpar]
chita (f)	guépard (m)	[gepar]
pantera (f)	panthère (f)	[pɑ̃tɛr]
puma (m)	puma (m)	[pyma]
leopardo-das-neves (m)	léopard (m) de neiges	[leɔpar də nɛʒ]
lince (m)	lynx (m)	[lĕks]
coiote (m)	coyote (m)	[kɔjɔt]
chacal (m)	chacal (m)	[ʃakal]
hiena (f)	hyène (f)	[jɛn]

136. Animais selvagens

animal (m)	animal (m)	[animal]
besta (f)	bête (f)	[bɛt]
esquilo (m)	écureuil (m)	[ekyrœj]
ouriço (m)	hérisson (m)	[erisɔ̃]
lebre (f)	lièvre (m)	[ljɛvr]
coelho (m)	lapin (m)	[lapɛ̃]
texugo (m)	blaireau (m)	[blɛro]
guaxinim (m)	raton (m)	[ratɔ̃]
hamster (m)	hamster (m)	[amstɛr]
marmota (f)	marmotte (f)	[marmɔt]
toupeira (f)	taupe (f)	[top]
rato (m)	souris (f)	[suri]
ratazana (f)	rat (m)	[ra]
morcego (m)	chauve-souris (f)	[ʃovsuri]
arminho (m)	hermine (f)	[ɛrmin]
zibelina (f)	zibeline (f)	[ziblin]
marta (f)	martre (f)	[martr]
doninha (f)	belette (f)	[bəlɛt]
vison (m)	vison (m)	[vizɔ̃]

castor (m)	castor (m)	[kastɔr]
lontra (f)	loutre (f)	[lutr]
cavalo (m)	cheval (m)	[ʃəval]
alce (m)	élan (m)	[elɑ̃]
veado (m)	cerf (m)	[sɛr]
camelo (m)	chameau (m)	[ʃamo]
bisão (m)	bison (m)	[bizɔ̃]
auroque (m)	aurochs (m)	[orɔk]
búfalo (m)	buffle (m)	[byfl]
zebra (f)	zèbre (m)	[zɛbr]
antílope (m)	antilope (f)	[ɑ̃tilɔp]
corça (f)	chevreuil (m)	[ʃəvrœj]
gamo (m)	biche (f)	[biʃ]
camurça (f)	chamois (m)	[ʃamwa]
javali (m)	sanglier (m)	[sɑ̃glije]
baleia (f)	baleine (f)	[balɛn]
foca (f)	phoque (m)	[fɔk]
morsa (f)	morse (m)	[mɔrs]
urso-marinho (m)	ours (m) de mer	[urs də mɛr]
golfinho (m)	dauphin (m)	[dofɛ̃]
urso (m)	ours (m)	[urs]
urso (m) branco	ours (m) blanc	[urs blɑ̃]
panda (m)	panda (m)	[pɑ̃da]
macaco (em geral)	singe (m)	[sɛ̃ʒ]
chimpanzé (m)	chimpanzé (m)	[ʃɛ̃pɑ̃ze]
orangotango (m)	orang-outang (m)	[ɔrɑ̃utɑ̃]
gorila (m)	gorille (m)	[gɔrij]
macaco (m)	macaque (m)	[makak]
gibão (m)	gibbon (m)	[ʒibɔ̃]
elefante (m)	éléphant (m)	[elefɑ̃]
rinoceronte (m)	rhinocéros (m)	[rinɔserɔs]
girafa (f)	girafe (f)	[ʒiraf]
hipopótamo (m)	hippopotame (m)	[ipɔpɔtam]
canguru (m)	kangourou (m)	[kɑ̃guru]
coala (m)	koala (m)	[kɔala]
mangusto (m)	mangouste (f)	[mɑ̃gust]
chinchila (m)	chinchilla (m)	[ʃɛ̃ʃila]
doninha-fedorenta (f)	mouffette (f)	[mufɛt]
porco-espinho (m)	porc-épic (m)	[pɔrkepik]

137. Animais domésticos

gata (f)	chat (m)	[ʃa]
gato (m) macho	chat (m)	[ʃa]
cão (m)	chien (m)	[ʃjɛ̃]

Portuguese	French	IPA
cavalo (m)	cheval (m)	[ʃəval]
garanhão (m)	étalon (m)	[etalɔ̃]
égua (f)	jument (f)	[ʒymɑ̃]
vaca (f)	vache (f)	[vaʃ]
touro (m)	taureau (m)	[tɔro]
boi (m)	bœuf (m)	[bœf]
ovelha (f)	brebis (f)	[brəbi]
carneiro (m)	mouton (m)	[mutɔ̃]
cabra (f)	chèvre (f)	[ʃɛvr]
bode (m)	bouc (m)	[buk]
burro (m)	âne (m)	[ɑn]
mula (f)	mulet (m)	[mylɛ]
porco (m)	cochon (m)	[kɔʃɔ̃]
leitão (m)	pourceau (m)	[purso]
coelho (m)	lapin (m)	[lapɛ̃]
galinha (f)	poule (f)	[pul]
galo (m)	coq (m)	[kɔk]
pata (f)	canard (m)	[kanar]
pato (macho)	canard (m) mâle	[kanar mal]
ganso (m)	oie (f)	[wa]
peru (m)	dindon (m)	[dɛ̃dɔ̃]
perua (f)	dinde (f)	[dɛ̃d]
animais (m pl) domésticos	animaux (m pl) domestiques	[animo dɔmɛstik]
domesticado	apprivoisé (adj)	[aprivwaze]
domesticar (vt)	apprivoiser (vt)	[aprivwaze]
criar (vt)	élever (vt)	[elve]
quinta (f)	ferme (f)	[fɛrm]
aves (f pl) domésticas	volaille (f)	[vɔlaj]
gado (m)	bétail (m)	[betaj]
rebanho (m), manada (f)	troupeau (m)	[trupo]
estábulo (m)	écurie (f)	[ekyri]
pocilga (f)	porcherie (f)	[pɔrʃəri]
estábulo (m)	vacherie (f)	[vaʃri]
coelheira (f)	cabane (f) à lapins	[kaban ɑ lapɛ̃]
galinheiro (m)	poulailler (m)	[pulaje]

138. Pássaros

Portuguese	French	IPA
pássaro (m), ave (f)	oiseau (m)	[wazo]
pombo (m)	pigeon (m)	[piʒɔ̃]
pardal (m)	moineau (m)	[mwano]
chapim-real (m)	mésange (f)	[mezɑ̃ʒ]
pega-rabuda (f)	pie (f)	[pi]
corvo (m)	corbeau (m)	[kɔrbo]

gralha (f) cinzenta	corneille (f)	[kɔrnɛj]
gralha-de-nuca-cinzenta (f)	choucas (m)	[ʃuka]
gralha-calva (f)	freux (m)	[frø]
pato (m)	canard (m)	[kanar]
ganso (m)	oie (f)	[wa]
faisão (m)	faisan (m)	[fəzã]
águia (f)	aigle (m)	[ɛgl]
açor (m)	épervier (m)	[epɛrvje]
falcão (m)	faucon (m)	[fokɔ̃]
abutre (m)	vautour (m)	[votur]
condor (m)	condor (m)	[kɔ̃dɔr]
cisne (m)	cygne (m)	[siɲ]
grou (m)	grue (f)	[gry]
cegonha (f)	cigogne (f)	[sigɔɲ]
papagaio (m)	perroquet (m)	[pɛrɔkɛ]
beija-flor (m)	colibri (m)	[kɔlibri]
pavão (m)	paon (m)	[pã]
avestruz (m)	autruche (f)	[otryʃ]
garça (f)	héron (m)	[erɔ̃]
flamingo (m)	flamant (m)	[flamã]
pelicano (m)	pélican (m)	[pelikã]
rouxinol (m)	rossignol (m)	[rɔsiɲɔl]
andorinha (f)	hirondelle (f)	[irɔ̃dɛl]
tordo-zornal (m)	merle (m)	[mɛrl]
tordo-músico (m)	grive (f)	[griv]
melro-preto (m)	merle (m) noir	[mɛrl nwar]
andorinhão (m)	martinet (m)	[martinɛ]
cotovia (f)	alouette (f) des champs	[alwɛt də ʃã]
codorna (f)	caille (f)	[kaj]
pica-pau (m)	pivert (m)	[pivɛr]
cuco (m)	coucou (m)	[kuku]
coruja (f)	chouette (f)	[ʃwɛt]
corujão, bufo (m)	hibou (m)	[ibu]
tetraz-grande (m)	tétras (m)	[tetra]
tetraz-lira (m)	tétras-lyre (m)	[tetralir]
perdiz-cinzenta (f)	perdrix (f)	[pɛrdri]
estorninho (m)	étourneau (m)	[eturno]
canário (m)	canari (m)	[kanari]
galinha-do-mato (f)	gélinotte (f) des bois	[ʒelinɔt də bwa]
tentilhão (m)	pinson (m)	[pɛ̃sɔ̃]
dom-fafe (m)	bouvreuil (m)	[buvrœj]
gaivota (f)	mouette (f)	[mwɛt]
albatroz (m)	albatros (m)	[albatros]
pinguim (m)	pingouin (m)	[pɛ̃gwɛ̃]

139. Peixes. Animais marinhos

brema (f)	brème (f)	[brɛm]
carpa (f)	carpe (f)	[karp]
perca (f)	perche (f)	[pɛrʃ]
siluro (m)	silure (m)	[silyr]
lúcio (m)	brochet (m)	[brɔʃɛ]
salmão (m)	saumon (m)	[somɔ̃]
esturjão (m)	esturgeon (m)	[ɛstyrʒɔ̃]
arenque (m)	hareng (m)	[arɑ̃]
salmão (m)	saumon (m) atlantique	[somɔ̃ atlɑ̃tik]
cavala, sarda (f)	maquereau (m)	[makro]
solha (f)	flet (m)	[flɛ]
lúcio perca (m)	sandre (f)	[sɑ̃dr]
bacalhau (m)	morue (f)	[mɔry]
atum (m)	thon (m)	[tɔ̃]
truta (f)	truite (f)	[trɥit]
enguia (f)	anguille (f)	[ɑ̃gij]
raia elétrica (f)	torpille (f)	[tɔrpij]
moreia (f)	murène (f)	[myrɛn]
piranha (f)	piranha (m)	[piraɲa]
tubarão (m)	requin (m)	[rəkɛ̃]
golfinho (m)	dauphin (m)	[dofɛ̃]
baleia (f)	baleine (f)	[balɛn]
caranguejo (m)	crabe (m)	[krab]
medusa, alforreca (f)	méduse (f)	[medyz]
polvo (m)	pieuvre (f), poulpe (m)	[pjœvr], [pulp]
estrela-do-mar (f)	étoile (f) de mer	[etwal də mɛr]
ouriço-do-mar (m)	oursin (m)	[ursɛ̃]
cavalo-marinho (m)	hippocampe (m)	[ipɔkɑ̃p]
ostra (f)	huître (f)	[ɥitr]
camarão (m)	crevette (f)	[krəvɛt]
lavagante (m)	homard (m)	[ɔmar]
lagosta (f)	langoustine (f)	[lɑ̃gustin]

140. Amfíbios. Répteis

serpente, cobra (f)	serpent (m)	[sɛrpɑ̃]
venenoso	venimeux (adj)	[vənimø]
víbora (f)	vipère (f)	[vipɛr]
cobra-capelo, naja (f)	cobra (m)	[kɔbra]
pitão (m)	python (m)	[pitɔ̃]
jiboia (f)	boa (m)	[boa]
cobra-de-água (f)	couleuvre (f)	[kulœvr]

cascavel (f)	serpent (m) à sonnettes	[sɛrpɑ̃ a sɔnɛt]
anaconda (f)	anaconda (m)	[anakɔ̃da]
lagarto (m)	lézard (m)	[lezar]
iguana (f)	iguane (m)	[igwan]
varano (m)	varan (m)	[varɑ̃]
salamandra (f)	salamandre (f)	[salamɑ̃dr]
camaleão (m)	caméléon (m)	[kameleɔ̃]
escorpião (m)	scorpion (m)	[skɔrpjɔ̃]
tartaruga (f)	tortue (f)	[tɔrty]
rã (f)	grenouille (f)	[grənuj]
sapo (m)	crapaud (m)	[krapo]
crocodilo (m)	crocodile (m)	[krɔkɔdil]

141. Insetos

inseto (m)	insecte (m)	[ɛ̃sɛkt]
borboleta (f)	papillon (m)	[papijɔ̃]
formiga (f)	fourmi (f)	[furmi]
mosca (f)	mouche (f)	[muʃ]
mosquito (m)	moustique (m)	[mustik]
escaravelho (m)	scarabée (m)	[skarabe]
vespa (f)	guêpe (f)	[gɛp]
abelha (f)	abeille (f)	[abɛj]
mamangava (f)	bourdon (m)	[burdɔ̃]
moscardo (m)	œstre (m)	[ɛstr]
aranha (f)	araignée (f)	[areɲe]
teia (f) de aranha	toile (f) d'araignée	[twal dareɲe]
libélula (f)	libellule (f)	[libelyl]
gafanhoto-do-campo (m)	sauterelle (f)	[sotrɛl]
traça (f)	papillon (m)	[papijɔ̃]
barata (f)	cafard (m)	[kafar]
carraça (f)	tique (f)	[tik]
pulga (f)	puce (f)	[pys]
borrachudo (m)	moucheron (m)	[muʃrɔ̃]
gafanhoto (m)	criquet (m)	[krikɛ]
caracol (m)	escargot (m)	[ɛskargo]
grilo (m)	grillon (m)	[grijɔ̃]
pirilampo (m)	luc ole (m)	[lysjɔl]
joaninha (f)	coccinelle (f)	[kɔksinɛl]
besouro (m)	hanneton (m)	[antɔ̃]
sanguessuga (f)	sangsue (f)	[sɑ̃sy]
lagarta (f)	chenille (f)	[ʃənij]
minhoca (f)	ver (m)	[vɛr]
larva (f)	larve (f)	[larv]

Flora

142. Árvores

árvore (f)	arbre (m)	[arbr]
decídua	à feuilles caduques	[a fœj kadyk]
conífera	conifère (adj)	[kɔnifɛr]
perene	à feuilles persistantes	[a fœj pɛrsistɑ̃t]
macieira (f)	pommier (m)	[pɔmje]
pereira (f)	poirier (m)	[pwarje]
cerejeira (f)	merisier (m)	[mərizje]
ginjeira (f)	cerisier (m)	[sərizje]
ameixeira (f)	prunier (m)	[prynje]
bétula (f)	bouleau (m)	[bulo]
carvalho (m)	chêne (m)	[ʃɛn]
tília (f)	tilleul (m)	[tijœl]
choupo-tremedor (m)	tremble (m)	[trɑ̃bl]
bordo (m)	érable (m)	[erabl]
espruce-europeu (m)	épicéa (m)	[episea]
pinheiro (m)	pin (m)	[pɛ̃]
alerce, lariço (m)	mélèze (m)	[melɛz]
abeto (m)	sapin (m)	[sapɛ̃]
cedro (m)	cèdre (m)	[sɛdr]
choupo, álamo (m)	peuplier (m)	[pøplije]
tramazeira (f)	sorbier (m)	[sɔrbje]
salgueiro (m)	saule (m)	[sol]
amieiro (m)	aune (m)	[on]
faia (f)	hêtre (m)	[ɛtr]
ulmeiro (m)	orme (m)	[ɔrm]
freixo (m)	frêne (m)	[frɛn]
castanheiro (m)	marronnier (m)	[marɔnje]
magnólia (f)	magnolia (m)	[maɲɔlja]
palmeira (f)	palmier (m)	[palmje]
cipreste (m)	cyprès (m)	[siprɛ]
mangue (m)	palétuvier (m)	[paletyvje]
embondeiro, baobá (m)	baobab (m)	[baɔbab]
eucalipto (m)	eucalyptus (m)	[økaliptys]
sequoia (f)	séquoia (m)	[sekɔja]

143. Arbustos

arbusto (m)	buisson (m)	[bɥisɔ̃]
arbusto (m), moita (f)	arbrisseau (m)	[arbriso]

videira (f)	vigne (f)	[viɲ]
vinhedo (m)	vigne (f)	[viɲ]

framboeseira (f)	framboise (f)	[frɑ̃bwaz]
groselheira-preta (f)	cassis (m)	[kasis]
groselheira-vermelha (f)	groseille (f) rouge	[grozɛj ruʒ]
groselheira (f) espinhosa	groseille (f) verte	[grozɛj vɛrt]

acácia (f)	acacia (m)	[akasja]
bérberis (f)	berberis (m)	[bɛrberis]
jasmim (m)	jasmin (m)	[ʒasmɛ̃]

junípero (m)	genévrier (m)	[ʒənevrije]
roseira (f)	rosier (m)	[rozje]
roseira (f) brava	églantier (m)	[eglɑ̃tje]

144. Frutos. Bagas

fruta (f)	fruit (m)	[frɥi]
frutas (f pl)	fruits (m pl)	[frɥi]
maçã (f)	pomme (f)	[pɔm]
pera (f)	poire (f)	[pwar]
ameixa (f)	prune (f)	[pryn]

morango (m)	fraise (f)	[frɛz]
ginja (f)	cerise (f)	[səriz]
cereja (f)	merise (f)	[məriz]
uva (f)	raisin (m)	[rɛzɛ̃]

framboesa (f)	framboise (f)	[frɑ̃bwaz]
groselha (f) preta	cassis (m)	[kasis]
groselha (f) vermelha	groseille (f) rouge	[grozɛj ruʒ]
groselha (f) espinhosa	groseille (f) verte	[grozɛj vɛrt]
oxicoco (m)	canneberge (f)	[kanbɛrʒ]

laranja (f)	orange (f)	[ɔrɑ̃ʒ]
tangerina (f)	mandarine (f)	[mɑ̃darin]
ananás (m)	ananas (m)	[anana]

banana (f)	banane (f)	[banan]
tâmara (f)	datte (f)	[dat]

limão (m)	citron (m)	[sitrɔ̃]
damasco (m)	abricot (m)	[abriko]
pêssego (m)	pêche (f)	[pɛʃ]

kiwi (m)	kiwi (m)	[kiwi]
toranja (f)	pamplemousse (m)	[pɑ̃pləmus]

baga (f)	baie (f)	[bɛ]
bagas (f pl)	baies (f pl)	[bɛ]
arando (m) vermelho	airelle (f) rouge	[ɛrɛl ruʒ]
morango-silvestre (m)	fraise (f) des bois	[frɛz de bwa]
mirtilo (m)	myrtille (f)	[mirtij]

145. Flores. Plantas

flor (f)	fleur (f)	[flœr]
ramo (m) de flores	bouquet (m)	[bukɛ]
rosa (f)	rose (f)	[roz]
tulipa (f)	tulipe (f)	[tylip]
cravo (m)	oeillet (m)	[œjɛ]
gladíolo (m)	glaïeul (m)	[glajœl]
centáurea (f)	bleuet (m)	[blØɛ]
campânula (f)	campanule (f)	[kãpanyl]
dente-de-leão (m)	dent-de-lion (f)	[dãdəljõ]
camomila (f)	marguerite (f)	[margərit]
aloé (m)	aloès (m)	[alɔɛs]
cato (m)	cactus (m)	[kaktys]
fícus (m)	ficus (m)	[fikys]
lírio (m)	lis (m)	[li]
gerânio (m)	géranium (m)	[ʒeranjɔm]
jacinto (m)	jacinthe (f)	[ʒasɛ̃t]
mimosa (f)	mimosa (m)	[mimɔza]
narciso (m)	jonquille (f)	[ʒõkij]
capuchinha (f)	capucine (f)	[kapysin]
orquídea (f)	orchidée (f)	[ɔrkide]
peónia (f)	pivoine (f)	[pivwan]
violeta (f)	violette (f)	[vjɔlɛt]
amor-perfeito (m)	pensée (f)	[pãse]
não-me-esqueças (m)	myosotis (m)	[mjɔzɔtis]
margarida (f)	pâquerette (f)	[pɑkrɛt]
papoula (f)	coquelicot (m)	[kɔkliko]
cânhamo (m)	chanvre (m)	[ʃãvr]
hortelã (f)	menthe (f)	[mãt]
lírio-do-vale (m)	muguet (m)	[mygɛ]
campânula-branca (f)	perce-neige (f)	[pɛrsənɛʒ]
urtiga (f)	ortie (f)	[ɔrti]
azeda (f)	oseille (f)	[ozɛj]
nenúfar (m)	nénuphar (m)	[nenyfar]
feto (m), samambaia (f)	fougère (f)	[fuʒɛr]
líquen (m)	lichen (m)	[likɛn]
estufa (f)	serre (f) tropicale	[sɛr trɔpikal]
relvado (m)	gazon (m)	[gazõ]
canteiro (m) de flores	parterre (m) de fleurs	[partɛr də flœr]
planta (f)	plante (f)	[plãt]
erva (f)	herbe (f)	[ɛrb]
folha (f) de erva	brin (m) d'herbe	[brɛ̃ dɛrb]

folha (f)	feuille (f)	[fœj]
pétala (f)	pétale (m)	[petal]
talo (m)	tige (f)	[tiʒ]
tubérculo (m)	tubercule (m)	[tybɛrkyl]
broto, rebento (m)	pousse (f)	[pus]
espinho (m)	épine (f)	[epin]
florescer (vi)	fleurir (vi)	[flœrir]
murchar (vi)	se faner (vp)	[sə fane]
cheiro (m)	odeur (f)	[ɔdœr]
cortar (flores)	couper (vt)	[kupe]
colher (uma flor)	cueillir (vt)	[kœjir]

146. Cereais, grãos

grão (m)	grains (m pl)	[grɛ̃]
cereais (plantas)	céréales (f pl)	[sereal]
espiga (f)	épi (m)	[epi]
trigo (m)	blé (m)	[ble]
centeio (m)	seigle (m)	[sɛgl]
aveia (f)	avoine (f)	[avwan]
milho-miúdo (m)	millet (m)	[mijɛ]
cevada (f)	orge (f)	[ɔrʒ]
milho (m)	maïs (m)	[mais]
arroz (m)	riz (m)	[ri]
trigo-sarraceno (m)	sarrasin (m)	[sarazɛ̃]
ervilha (f)	pois (m)	[pwa]
feijão (m)	haricot (m)	[ariko]
soja (f)	soja (m)	[sɔʒa]
lentilha (f)	lentille (f)	[lɑ̃tij]

PAÍSES. NACIONALIDADES

147. Europa Ocidental

Europa (f)	Europe (f)	[ørɔp]
União (f) Europeia	Union (f) européenne	[ynjɔn ørɔpeɛn]

Áustria (f)	Autriche (f)	[otriʃ]
Grã-Bretanha (f)	Grande-Bretagne (f)	[grɑ̃dbrətaɲ]
Inglaterra (f)	Angleterre (f)	[ɑ̃glətɛr]
Bélgica (f)	Belgique (f)	[bɛlʒik]
Alemanha (f)	Allemagne (f)	[almaɲ]

Países (m pl) Baixos	Pays-Bas (m)	[peiba]
Holanda (f)	Hollande (f)	[ɔlɑ̃d]
Grécia (f)	Grèce (f)	[grɛs]
Dinamarca (f)	Danemark (m)	[danmark]
Irlanda (f)	Irlande (f)	[irlɑ̃d]
Islândia (f)	Islande (f)	[islɑ̃d]

Espanha (f)	Espagne (f)	[ɛspaɲ]
Itália (f)	Italie (f)	[itali]
Chipre (m)	Chypre (m)	[ʃipr]
Malta (f)	Malte (f)	[malt]

Noruega (f)	Norvège (f)	[nɔrvɛʒ]
Portugal (m)	Portugal (m)	[pɔrtygal]
Finlândia (f)	Finlande (f)	[fɛ̃lɑ̃d]
França (f)	France (f)	[frɑ̃s]

Suécia (f)	Suède (f)	[sɥɛd]
Suíça (f)	Suisse (f)	[sɥis]
Escócia (f)	Écosse (f)	[ekɔs]

Vaticano (m)	Vatican (m)	[vatikɑ̃]
Liechtenstein (m)	Liechtenstein (m)	[liʃtɛnʃtajn]
Luxemburgo (m)	Luxembourg (m)	[lyksɑ̃bur]
Mónaco (m)	Monaco (m)	[mɔnako]

148. Europa Central e de Leste

Albânia (f)	Albanie (f)	[albani]
Bulgária (f)	Bulgarie (f)	[bylgari]
Hungria (f)	Hongrie (f)	[ɔ̃gri]
Letónia (f)	Lettonie (f)	[lɛtɔni]

Lituânia (f)	Lituanie (f)	[litɥani]
Polónia (f)	Pologne (f)	[pɔlɔɲ]

Roménia (f)	Roumanie (f)	[rumani]
Sérvia (f)	Serbie (f)	[sɛrbi]
Eslováquia (f)	Slovaquie (f)	[slɔvaki]
Croácia (f)	Croatie (f)	[krɔasi]
República (f) Checa	République (f) Tchèque	[repyblik tʃɛk]
Estónia (f)	Estonie (f)	[ɛstɔni]
Bósnia e Herzegovina (f)	Bosnie (f)	[bɔsni]
Macedónia (f)	Macédoine (f)	[masedwan]
Eslovénia (f)	Slovénie (f)	[slɔveni]
Montenegro (m)	Monténégro (m)	[mõtenegro]

149. Países da ex-URSS

Azerbaijão (m)	Azerbaïdjan (m)	[azɛrbajdʒã]
Arménia (f)	Arménie (f)	[armeni]
Bielorrússia (f)	Biélorussie (f)	[bjelɔrysi]
Geórgia (f)	Géorgie (f)	[ʒeɔrʒi]
Cazaquistão (m)	Kazakhstan (m)	[kazakstã]
Quirguistão (m)	Kirghizistan (m)	[kirgizistã]
Moldávia (f)	Moldavie (f)	[mɔldavi]
Rússia (f)	Russie (f)	[rysi]
Ucrânia (f)	Ukraine (f)	[ykrɛn]
Tajiquistão (m)	Tadjikistan (m)	[tadʒikistã]
Turquemenistão (m)	Turkménistan (m)	[tyrkmenistã]
Uzbequistão (f)	Ouzbékistan (m)	[uzbekistã]

150. Asia

Ásia (f)	Asie (f)	[azi]
Vietname (m)	Vietnam (m)	[vjɛtnam]
Índia (f)	Inde (f)	[ɛ̃d]
Israel (m)	Israël (m)	[israɛl]
China (f)	Chine (f)	[ʃin]
Líbano (m)	Liban (m)	[libã]
Mongólia (f)	Mongolie (f)	[mõgɔli]
Malásia (f)	Malaisie (f)	[malɛzi]
Paquistão (m)	Pakistan (m)	[pakistã]
Arábia (f) Saudita	Arabie (f) Saoudite	[arabi saudit]
Tailândia (f)	Thaïlande (f)	[tajlãd]
Taiwan (m)	Taïwan (m)	[tajwan]
Turquia (f)	Turquie (f)	[tyrki]
Japão (m)	Japon (m)	[ʒapõ]
Afeganistão (m)	Afghanistan (m)	[afganistã]
Bangladesh (m)	Bangladesh (m)	[bãgladɛʃ]

Indonésia (f)	**Indonésie** (f)	[ɛ̃dɔnezi]
Jordânia (f)	**Jordanie** (f)	[ʒɔrdani]
Iraque (m)	**Iraq** (m)	[irak]
Irão (m)	**Iran** (m)	[irɑ̃]
Camboja (f)	**Cambodge** (m)	[kɑ̃bɔdʒ]
Kuwait (m)	**Koweït** (m)	[kɔwɛjt]
Laos (m)	**Laos** (m)	[laos]
Myanmar (m), Birmânia (f)	**Myanmar** (m)	[mjanmar]
Nepal (m)	**Népal** (m)	[nepal]
Emirados Árabes Unidos	**Fédération** (f) **des Émirats Arabes Unis**	[federasjɔ̃ dezemira arabzyni]
Síria (f)	**Syrie** (f)	[siri]
Palestina (f)	**Palestine** (f)	[palɛstin]
Coreia do Sul (f)	**Corée** (f) **du Sud**	[kɔre dy syd]
Coreia do Norte (f)	**Corée** (f) **du Nord**	[kɔre dy nɔr]

151. América do Norte

Estados Unidos da América	**les États Unis**	[lezeta zyni]
Canadá (m)	**Canada** (m)	[kanada]
México (m)	**Mexique** (m)	[mɛksik]

152. América Central do Sul

Argentina (f)	**Argentine** (f)	[arʒɑ̃tin]
Brasil (m)	**Brésil** (m)	[brezil]
Colômbia (f)	**Colombie** (f)	[kɔlɔ̃bi]
Cuba (f)	**Cuba** (f)	[kyba]
Chile (m)	**Chili** (m)	[ʃili]
Bolívia (f)	**Bolivie** (f)	[bɔlivi]
Venezuela (f)	**Venezuela** (f)	[venezɥela]
Paraguai (m)	**Paraguay** (m)	[paragwɛ]
Peru (m)	**Pérou** (m)	[peru]
Suriname (m)	**Surinam** (m)	[syrinam]
Uruguai (m)	**Uruguay** (m)	[yrygwɛ]
Equador (m)	**Équateur** (m)	[ekwatœr]
Bahamas (f pl)	**Bahamas** (f pl)	[baamas]
Haiti (m)	**Haïti** (m)	[aiti]
República (f) Dominicana	**République** (f) **Dominicaine**	[repyblik dɔminikɛn]
Panamá (m)	**Panamá** (m)	[panama]
Jamaica (f)	**Jamaïque** (f)	[ʒamaik]

153. Africa

Egito (m)	Égypte (f)	[eʒipt]
Marrocos	Maroc (m)	[marɔk]
Tunísia (f)	Tunisie (f)	[tynizi]
Gana (f)	Ghana (m)	[gana]
Zanzibar (m)	Zanzibar (m)	[zãzibar]
Quénia (f)	Kenya (m)	[kenja]
Líbia (f)	Libye (f)	[libi]
Madagáscar (m)	Madagascar (f)	[madagaskar]
Namíbia (f)	Namibie (f)	[namibi]
Senegal (m)	Sénégal (m)	[senegal]
Tanzânia (f)	Tanzanie (f)	[tãzani]
África do Sul (f)	République (f) Sud-africaine	[repyblik sydafrikɛn]

154. Austrália. Oceania

Austrália (f)	Australie (f)	[ostrali]
Nova Zelândia (f)	Nouvelle Zélande (f)	[nuvɛl zelãd]
Tasmânia (f)	Tasmanie (f)	[tasmani]
Polinésia Francesa (f)	Polynésie (f) Française	[pɔlinezi frãsɛz]

155. Cidades

Amesterdão	Amsterdam (f)	[amstɛrdam]
Ancara	Ankara (m)	[ãkara]
Atenas	Athènes (m)	[atɛn]
Bagdade	Bagdad (m)	[bagdad]
Banguecoque	Bangkok (m)	[bãkɔk]
Barcelona	Barcelone (f)	[barsəlɔn]
Beirute	Beyrouth (m)	[berut]
Berlim	Berlin (m)	[bɛrlɛ̃]
Bombaim	Bombay (m)	[bõbɛ]
Bona	Bonn (f)	[bɔn]
Bordéus	Bordeaux (f)	[bɔrdo]
Bratislava	Bratislava (m)	[bratislava]
Bruxelas	Bruxelles (m)	[brysɛl]
Bucareste	Bucarest (m)	[bykarɛst]
Budapeste	Budapest (m)	[bydapɛst]
Cairo	Caire (m)	[kɛr]
Calcutá	Calcutta (f)	[kalkyta]
Chicago	Chicago (f)	[ʃikago]
Cidade do México	Mexico (f)	[mɛksiko]
Copenhaga	Copenhague (f)	[kɔpənag]
Dar es Salaam	Dar es-Salaam (f)	[darɛssalam]

Deli	Delhi (f)	[deli]
Dubai	Dubaï (f)	[dybaj]
Dublin, Dublim	Dublin (f)	[dyblɛ̃]
Düsseldorf	Düsseldorf (f)	[dysɛldɔrf]
Estocolmo	Stockholm (m)	[stɔkɔlm]

Florença	Florence (f)	[flɔrɑ̃s]
Frankfurt	Francfort (f)	[frãkfɔr]
Genebra	Genève (f)	[ʒənɛv]
Haia	Hague (f)	[ag]
Hamburgo	Hambourg (f)	[ãbur]
Hanói	Hanoi (f)	[anɔj]
Havana	Havane (f)	[avan]

Helsínquia	Helsinki (f)	[ɛlsiŋki]
Hiroshima	Hiroshima (f)	[irɔʃima]
Hong Kong	Hong Kong (m)	[ɔ̃gkɔ̃g]
Istambul	Istanbul (f)	[istãbul]
Jerusalém	Jérusalem (f)	[ʒeryzalɛm]

Kiev	Kiev (f)	[kjɛf]
Kuala Lumpur	Kuala Lumpur (f)	[kwalalumpur]
Lisboa	Lisbonne (f)	[lizbɔn]
Londres	Londres (m)	[lɔ̃dr]
Los Angeles	Los Angeles (f)	[lɔsɑ̃dʒelɛs]
Lion	Lyon (f)	[ljɔ̃]

Madrid	Madrid (f)	[madrid]
Marselha	Marseille (f)	[marsɛj]
Miami	Miami (f)	[miami]
Montreal	Montréal (f)	[mɔ̃real]
Moscovo	Moscou (f)	[mɔsku]
Munique	Munich (f)	[mynik]

Nairóbi	Nairobi (f)	[nɛrobi]
Nápoles	Naples (f)	[napl]
Nice	Nice (f)	[nis]
Nova York	New York (f)	[nujɔrk]

Oslo	Oslo (m)	[ɔslo]
Ottawa	Ottawa (m)	[ɔtawa]
Paris	Paris (m)	[pari]
Pequim	Pékin (m)	[pekɛ̃]
Praga	Prague (m)	[prag]

Rio de Janeiro	Rio de Janeiro (m)	[rijodədʒanɛro]
Roma	Rome (f)	[rɔm]
São Petersburgo	Saint-Pétersbourg (m)	[sɛ̃petɛrsbur]
Seul	Séoul (m)	[seul]
Singapura	Singapour (f)	[sɛ̃gapur]
Sydney	Sidney (m)	[sidnɛ]

Taipé	Taipei (m)	[tajbɛj]
Tóquio	Tokyo (m)	[tɔkjo]
Toronto	Toronto (m)	[tɔrɔ̃to]
Varsóvia	Varsovie (f)	[varsɔvi]

Veneza	Venise (f)	[vəniz]
Viena	Vienne (f)	[vjɛn]
Washington	Washington (f)	[waʃiŋton]
Xangai	Shanghai (m)	[ʃɑ̃gaj]

www.ingramcontent.com/pod-product-compliance
Lightning Source LLC
Chambersburg PA
CBHW070554050426
42450CB00011B/2866